民俗学六十年

石塚尊俊

自序

山陰中央新報に、毎週水曜日、一昨年十一月から今年の四月まで続けていた「民俗学六十年」が単行本としてまとめられることになった。単行本になるとなればもう少し振り返って語っておきたいと思うこともないではないが、そうなるとまた気合を入れ直さねばならなくなるので、このたびは一応これで措くことにした。

そのかわりここに平成五年の『山陰民俗』最終号で語った「学会活動半世紀の回顧」を加えることにした。というのも、この「学会」というものが、私などには格別大事な存在であったからである。

もちろん学会という組織はすべての学問にとってなくてはならないものである。しかし早くからアカデミックな形になっていた学問の場合は、研究機関として中枢に大学があり、学会はそのいわば外郭として存在するという形になっている。

ところが民俗学の場合は、最初の学会である郷土研究会ができたころにはもちろん、今日の日本民俗学会の直接の母体ともいうべき民間伝承の会が結成された時点でも、まだこれを大学で講究するまでにはなっていなかった。もちろん柳田國男先生や折口信夫先生は早くから方々へ招かれて講義をなさっていたが、それはおおむね臨時の集中講義であって、年間を通じてのものではなかった。民俗学を多くの大学できちんとした講座としてやるようになるのは、戦後もしばらくたってからである。

だからそれまでのところでこの道に入った者は、たとい大学で学んだ者であっても、その専攻は歴史学であったり社会学であったり、あるいは国文学であったりして、民俗学に関してはありなりのところ独学であった。だからそういう年齢層の者にとっては、この同じ志の者をもってする学会というものがいかに大切な役目を果たすものであったか、もういうまでもなかろう。

ところが、その学会に私は参加するとともに、一方では小規模ながら主催もした。やり出したのは戦後間もなくの昭和二十二年のことで、そのとき私はやっと三十になったばかりというところであったから、後から考えて、ようもあのころああいう身のほどをもわきまえぬことをやり出したものだと思うようになるが、そのときにはもうとにかくこの敗戦のどん底から何とかして立ち上がらねばならないという、いわば勝手な使命感に燃えた気持ちばかりであった。だから知らず知らずのうちにご迷惑をかけた先も少なくなかったろうと思う。

ところが、その私のがむしゃらな行動に対して心温かいご指導、ご鞭撻を寄せて下さった方が少なくなかった。柳田國男先生には終始一貫格別のご温情に与ったし、地元では千家尊統翁・朝山晧宮司・山根俊久先生・岡義重先生、その他同年輩、また若い層からも支援、協力をいただいたむきが少なくなかった。そのお蔭で今日まで半世紀という長い間、とにもかくにもこの山陰の一角で学会組織を続けることができたものと、改めて思うものである。

率直にいって学会を運営することは容易なことではない。だから人はご苦労だといってくれるし、世話になったといってくれる人もある。そして時には私から指導を受けたと〝お上手〟をいってくれる人もないではない。

たしかに世話もしたし、質問に応えるようなこともなかったわけではない。しかし質問に応えるということは、同時に考えさせられるということである。いやおうなしに勉強させられるということである。だからそこにはこちらにとってもたいへんなプラスがあったことを考えなければならない。そういうことが若いころにはわからなかったが、年とともにだんだんわかるようになってきたことを今にして思う。

ここに六十年の牛歩の跡を振り返るに当たり、そうした直接間接計り知れない恩恵を蒙った恩師・先輩・知友諸賢に対し、改めて篤くお礼申し上げ、蕪辞ながら序とする。

なお、年代表記等については、発表当時のまま収載したことをお断りしておく。

平成十年九月二十一日

石塚尊俊

目　次

民俗学六十年

石塚尊俊

はしがき

あなたは民俗学をやって、長いことになるが、お若いころから今日までずいぶんいろいろなことがあったでしょう。おもしろかったことも、つらかったこともあったでしょう。またそもそも民俗学そのものがいわば急成長をとげた学問のはずだから、今日ではあたりまえになっていることでも、以前にはそれこそ暗中模索だったことも体験していられるに違いない。だからそこらへんのところをひとつ腹蔵なく語って下さったら、今後のためにもたいへん参考になる。ぜひやっていただきたい、という依頼を新聞社から受けた。

実のところ、私は数年前にもそういう依頼を千葉県佐倉市にある国立歴史民俗博物館から受けたことがある。そのときには会場が京都で、場所柄やはり京大関係の人たちが多かったと思うが、とにかく研究者だけの集まりで〝語る〟ことであったから、その内容についても一々解説する必要はなく、とにかくぽんぽんと並べていくだけでよかった〔1〕。しかし新聞となるとそうはゆかぬであろう。誰がこういった、それに対して誰がこう訂正したというようなことを並べていったのでは読者がめいわくする。かといって、解説に次ぐ解説をもってしたのでは、結局いわゆる「学史」のような形になってしまって、おもしろくもなんともない。そういう形のものも実は今までにも書いているが〔2〕、あれでは新聞の原稿にならない。

実際また担当者からも、単に流れを書くだけではなく、できるだけそのときそのときのエピソードも入れてくれといわれた。ただどこそこへ行って何を調べたということだけでなく、そこで何を食べた、うまかった、まずかったというようなことも入れてくれといわれる。しかし、そうなるとなんだか裏話の連続のような形になる恐れをなしとしない。

それよりもなおむずかしいことは、われわれの場合は、たとえば考古学などのように、一つ一つの遺物・遺跡を足がかりとして話してゆくようなことがむずかしく、いわばテーマ本位に進めていかねばならないのだから、一つのテーマについての解明がすまないうちに次のテーマが出てくる。それがまだ十分に解けないうちにまた別のテーマが出てくるという具合になる。だからこれを年代順に話していったのでは混乱してしまい、わけのわからないことになってしまう。したがってどうしても年代を何度も前後させねばならないが、そこらあたりがうまくいくかということである。

だが、それよりもさらにむずかしいことは、テーマに対する解明の過程を話す場合、結局は自分はこうしたといういい方にならざるを得ないが、そうすればどうしても自分の手柄話のような形になってしまう。かといって、いつだれが解明したのかわからないようなことをいってしまったのでは、それこそお話にならない。

それでいろいろ思いあぐんだ末、結局はもうありなりのところを、出雲の方言でいう「ありしょありめ」なところを語ってしまおう。そのためおそらくは自分の恥話もしてしまうことになると思うが、それもしかたがない、と思うに至った。

なんにせよ、自分もいよいよこんなことをたのまれる年になったのかと、いまさらながら思うのである。さきの歴博のときにもそうであった。若いHという教官が来て、今日柳田國男といえば、ただに民俗学界だけでなく、広く人文科学の世界、いやさらに広く世間一般の間でも知る人が少なくないようになっているが、その柳田に直接教えを受けた人となると、もうほんの少ないことになってしまっている。だから今のうちにそういう人たちの体験を聞いておかなければ大きな損失になる。それでこのたび、さしむき四人の〝古老〟に話してもらおうと思う、といってあげられたのが竹内利美（仙台）・箱山貴太郎（長野）・平山敏治郎（京都）氏、そして私であった。

なんと、私も〝古老〟になったのかと驚いたのだが、なるほど年齢的にはたしかに〝古老〟である。実質的には古老どころか依然若輩のままだが、年だけは知らぬままに馬齢を重ねてしまっている。あの研究所のころ先輩として仰いでいた橋浦泰雄・大藤時彦・大間知篤三・桜田勝徳・関敬吾・最上孝敬・宮本常一・石田英一郎・堀一郎、地方では牛尾三千夫・桂井和雄（高知）・山口麻太郎（壱岐）・長岡博男（金沢）・上野勇（沼田）・小林存（新潟）といった方々はもうすでに亡い。それどころか、われわれとほぼ同年であった和歌森太郎・萩原龍夫・今野円輔・直江広治といった人たちさえもう過去の人になっているし、さらには十歳以上も若かった坪井洋文君さえいなくなっている。

なるほど、齢八十ともなれば〝古老〟といわれてもしかたがない。せっかくの機会だから、恥を忍んでありなりのところを語ろう。と、そう覚悟をきめた。

〔1〕このときの記録は『国立歴史民俗博物館研究報告』第51集（平成五年）に入っている。〔2〕「地方別調査研究の現状—島根県」（『日本民俗学』88）昭和四八年＝白石昭臣氏と共同執筆、「地方における民俗研究、2山陰地方」（『どるめん』4）昭和四九年、「山陰における民俗研究の歴史と課題」（『山陰民俗』25）昭和五〇年

一　サエの神から始めて

「三大考」から雑神へ

家が代々の社家なので、東京へ出て上の学校へ入るとなると、国学院大学の当時神道部といっていた所へしか入る所はなかった。昭和十一年のことで、受験に上京したときにはまだあの二・二六事件の戒厳令が解けておらず、宮城（皇居）の前には鉄条網が張ってあり、衛兵が着剣して立っていた。

初めての上京なので、何もかも珍しく、学校もこれからはもう不得手な方面はやらなくてもよいと思うと、なんとなく浮き浮きする思いであった。科目は教員免許が出る関係で、神道関係以外に歴史学・倫理学関係のものが特に多かった。その中で小野祖教教授の論理学、松田寿男講師の東洋古代史、武田祐吉教授の古事記などは、次が待ち遠しいくらい充実した講義であった。

ところが、慣れてくると、そうした待ち遠しいくらいの講義がある一方、なんともたいくつでたまらない講義もあるようになった。というより、そういうふうにこちらが思うようになったというべきであろうが、とにかくなんでこんなにわかりきったことをごたごた並べ立てられるのか、と思うような時間が少なくないようになった。それがまた、必修中の必修ともいうべき科目の中に多いのだから始末が悪かった。

それで、もうそういうときにはさっさと図書館に入ってしまうことにした。あのころの国大の図書館には蔵書がまだ十万冊とはなかったと思うが、それでも早稲田や慶応や、ましてや東大などとは違って小さな単科大学だったから、その部門だけで十万冊近いというのは多い方だったはずである。

それで、初めは手当たり次第に、やがてはなんとなく方向をきめて捜していった。と、そのうちふと服部中庸の「三大考」というのが目についた。服部中庸とはあの本居宣長の門人で、宣長の宇宙観を発展させた学者として国学史上有名な人物だが、その中庸の研究の成果がこの「三大考」なので、むずかしいが、くりかえし見ていった。高天原、なかつ国、黄泉国《よもつ》といった三つの世界が、図に表したりなどしてあるのでなかなかおもしろい。それで、せっかく国学の学校に入ったのだから、やるならばこの方面をやろうと思うようになった。

ところが、そうしたころのある日、私の隣で、富山県から来ている同じクラスの五十嵐正二君というのが、分厚い本を見てくすくす笑っているのに気がついた。「何を笑っているんだい」とのぞいてみると、本は加藤玄智教授の『神道の宗教発達史的研究』という千四百ジペーからの大冊である。

これは後になって知ったことだが、加藤教授というのは、そのころ東大と国学院と、もう一つどこかほかの大学へも行っておられた宗教学の権威で、日本の神道をヨーロッパで発達した宗教学の筋道に照らして、体系立てられた学者として有名であった。

その加藤教授の本を見て笑っているのだが、見ているところは巻末の写真であった。そこにいわゆる雑神の写真が出ており、陰陽石や道祖神の御神体としてのリンガ（男根）なども出ている。それを見て笑っているのである。

それは、今から見ればおかしくもなんともないもので、ことに信州や上州あたりへ行けば行く先々でざらにお目にかかれるものだということがやがてわかってくるが、本にしたものは当時まだほとんどなく、ことに道祖神すなわちサエの神といっても、ただ神木のサエの神しか知らない私などには、まことに奇異に感じられるものであった。

それで今度は私がその本を見ることになって、五十嵐君が来ないときにはいつも借り出してずっと見ていった。するとこういう雑神の類が、今でこそ正規の信仰ではないもののようになっているが、実はこれこそ日本神道の元の姿ではあるまいかと思われ出してきたのである。

当時の国学院図書館（昭和14年）

柳田國男を知る

それは、昭和十一年の十月であった。大学の教育研究会で恒例の公開講演会があり、その講師として長谷川如是閑・柳田國男というお二人を招くことが立て看板に書かれてあるのが目についた。あの有名な長谷川さんが来られるのか、それならばぜひ聴かなければなるまい、と思ってその日、大講堂に入った。一方の柳田國男というお名前も知らぬではなかったはずだが、まだどんなに偉い人かまではわからなかったのである。

ところが、いざ始まってみると、あてにしていた長谷川さんは急用ができたとかで来られず、長時間が結局、柳田國男お一人の独演に終始してしまった。しかし、そのことが私にとってはたいへん良いことであった。というより思いがけない結果をもたらし、少しオーバーにいえば、まさに生涯の針路をきめる契機ともなることになったのである。

「原始教育」という題であったが、いま「原始」というと、何かこう未開とか野蛮とかいう意味にとられるであろうが、ここにいう原始とはそういう意味ではない。いわばもとのままとでもいうような意味であって、要するに理論をもって計画的に進める教育ではなく、自然にそのときどきのなりゆきで躾《しつ》けていく教育、とくに教えるという意図を持たなくても、それが結果において躾けになるという教育、それを自分は原始教育というのだが、そういう形での教育がかつての村社会にはいっぱいあった。学校教育というものが始まる前はみなそうであった。というところから説き起こし、家の話、若者組の話、諺《ことわざ》のこと、みんなの中で笑うとか笑われるということがどういう効果をもたらすことであったか、というようなことを、とうとうとおよそ二時間余にもわたって話された。

残念なことに、そのときのノートが後に召集になったとき処分して焼いたものの中に入っていたらしく、どうしても見つからない。もちろん「定本」にも入っていないので残念でたまらないのだが、とにかくそのお話をしわぶき一つ立てる者のない大講堂の中でじっと聴いていると、ははあ世の中にはこういう学問もあるのか、こういうことでも体系立てれば学問になるのかということが、ひしひしと感じられてきたのである。

それで、それからは図書館に入ればもっぱら柳田先生の本を読むことにした。索引で「柳田國男」というところを探し出し、ちょうどそのころ出されていた『民間伝承論』や『郷土生活の研究法』、あるいは『明治大正史世相篇』『日本の伝説』などを手当たり次第に見ていった。

そうするとここに、かなり古く出されたものではあるが、『石神問答』という本があることがわかった。「石神」といえばうちにも石神さんが祀《まつ》ってあるが、あれのことかなと思って借り出してみると、名は石神でも内容は佐久神・塞神・御崎神・荒神・地神・水神・山神・天白神・大歳神・河内神・客神など、ありとあらゆる叢祠《そうし》の一大集成であることがわかった。

そこで、これだ、研究目標を立てるとすればこの雑神が一番おもしろい。というところから、さきに考えていたわが古典に見る宇宙観の研究などはいつのまにかふっとんでしまった。

「民間伝承」に入会

図書館で雑神の研究をやってみようと思い立ったのだが、当時の国学院にはこういう方面を内容とする講義はなく、ご指導を受けようにもこれ専門という先生はいられなかった。いや、いられたかもしれないが、われわれには見当がつかなかった。神道学や神祇《じんぎ》史、神社研究の先生となるとそれこそオーソリティばかりだが、そういう方々はこの面については全くの畑違いである。

それで困っていたところ、ここに民間伝承の会という、一見やさしそうな名前だが、これが日本の民俗学研究の中心学会だという組織のあることがわかった。しかもこれが先ごろお話を聞いた柳田先生を中心として、去年できたばかりの会であることもわかった。そこでこれに入れてもらおうと、そのとき「祝詞作文」を担当していられた西角井《にしつのい》正慶先生に相談すると、「いいことだ、入りなさい」といって、さっそく推薦状を書いて下さった。それで入会し、当時月刊であった『民間伝承』を購読し出した。それが昭和十一年の冬であったから、それから数えて今年（平成八年）でちょうど六十年になるというわけである。

しかし、こうして民間伝承の会には入ったが、それですぐから活動ができるというものではない。一方、図書館通いは依然続けているので、抜き書きは次第にたまってくる。当時はコピー機などというものはなかったから、写すとなるとすべて手書きである。それは今の学生などには到底想像もつかない煩わしいことであったが、当時の者はみなそれを当然のこととして続けたのである。

といっても、そのころにはまだ研究書そのものが少なかったから、多くは『郷土研究』『民族』『民俗学』、あるいは『民族と歴史』『旅と伝説』などといった雑誌の中から、これぞというところを捜しだしたり、一方、「古事類苑」や「広文庫」などからいわゆる文献資料を引き出したりするより仕方がなかった。そんなことをしているあいだに、いろいろある雑神の中でも、サエの神についてだけはややわかるような気がしてきたのである。

と、たまたま学内の神道学会の『神道』から何か書かないかという誘いを受けたので、ちょうどよい機会とばかり、それまで抽出して作成していたカードを並べて「サヘノカミ信仰の原始的態様」というのを書いた。それはまだ多分に文献資料にとらわれたもので、「記」「紀」「式」『万葉集』『和名抄』『今昔物語』などから、塞坐黄泉戸大神《さやりますよみどおおかみ》・岐神《ふなどのかみ》・手向《たむけ》の神などという言葉をひっぱり出し、それを諸雑誌に報告されている各地の伝承とやにわに一緒にしたようなもので、そもそも方法論的に体をなすものではなかった。昭和十二年の冬のことである。

ところが、その未熟な習作に高崎正秀先生が注目して下さったのである。それは何も私の論文が良かったからではない。雑誌が『神道』で、巻頭には田中義能教授の「道徳の極致」、その次に河野省三学長兼教授の「日本精神と国民生活」といった論文が掲げられ、以下波多野通敏講師、沢田総清講師、金鑽俊雄宮司といった方々の論文や感想文がずらっと並んだ「時局特輯号」と銘打つものの最後に、一つだけ場違いのものが載っているからのことであったが、とにかくそれを読んで下さったとみえ、「あれはあんたですか」と声を掛けて下さった。

当時の西角井正慶教授

ちなみに、あのころの国学院の先生方は多くが学生に対しても丁寧語を使って下さった。出欠をとる場合にも、約半分くらいの先生が「君」といわずに「さん」といって下さった。それが「君」になり、やがてそれもなくなるようになると、そのときこそ本当に弟子になるときだということを後になって知るのだが、とにかく初めはめんくらうくらい、先生方はみな学生を一人前の大人として扱って下さったのである。

それはともかく、こうして高崎先生とのご縁ができたので、それからはつとめて接し、やがてはお宅を訪問するようにもなった。冬時分行くと、なにぶん戦時下の物資不足のころだったので、私にだけ火鉢を与え、ご自分は湯タンポを股《また》ぐらにはさんで話して下さった。そういうふうにして、わたしはまず高崎先生にこの方面のてほどきを受けたのである。

実地採訪に出る

高崎正秀先生は国文学の先生で、西角井正慶先生とともにあのころ、折口信夫先生門下の双璧《そうへき》といわれていた方であった。その師折口先生にもやがてはお近づきできるようになるが、一、二年のときにはまだ受講できず、研究室へ推参するような無礼なことはもちろんできない。

それで、とりあえず、といっては失礼だが、高崎・西角井の両先生に接し、世にいう折口学の初歩を学ぶべくつとめた。西角井先生も親切に導いて下さったが、お宅が大宮の氷川神社なので、伺うのが大ごとである。それに対して高崎先生の方は代々木で、私の下宿阿佐ケ谷から近かった。それに先生は磊《らい》落《らく》な方で、「西角井君は武蔵国造の裔《えい》だが、自分は越中の百姓だ」などとおっしゃるので、気がおけず近づきやすい。それで自然、高崎先生によけいに接するようになった。

その高崎先生が、民俗学を本気にやるにはやはり直接採集に出なければだめだ、とおっしゃる。要するに、フィールドワークをやれ、ということである。それを当時は「調査」とはいわず「採集」といった。そこにあの時代の民俗研究の姿勢があったと思うのが、それはともかく、野外調査の必要なことは当然である。

しかし、いくら必要だといわれても、私などのような貧乏学生にはそうそうは出られない。今と違って、奨学金制度はあってもそう簡単には受けられない。アルバイトなどということはほとんどなく、大半が親からの仕送りでやっているのだから、相応に豊かな家庭の者でないと、通常の学生生活以上のことはできないのである。

それでも、出なければサエの神信仰などということはわからないので、食うものを節約してでも出るようにつとめた。食うものといえば、当時は大学食堂で昼食の丼《どんぶり》ものが十銭から十二銭、定食が十五銭だったか。それを八銭のトーストでがまんすると、ひと月で一円四、五十銭たまる。それで近郊の武蔵野を歩くのである。また夏・冬・春の長期休暇で郷里へ帰るときには、沿線で途中下車する。それで京都の上御霊《かみごりょう》神社や百万遍、あるいは中央線を回って塩尻や松本で降りて歩いた思い出もある。

当時の高崎正秀教授

たまたま図書館で橋浦泰雄氏の『東筑摩郡道神図絵』という、そのころとしてはおそらく唯一の道祖神の写真集を見つけたので、それをたよりに松本では一泊した。それが一人で宿屋という所に泊まった最初であって、たしか土田屋といったその商人宿は、二食つき一泊一円三十銭であった。

また、高崎先生にあのへんがよいといわれたのに従って、北陸線を回って高岡で降り、氷見線に乗り換えて終点で降り、あの地方ではサエの神を岐《ふなど》の神からきたオフナドハンというと聞いていたので、オフナドハン、オフナドハンといって終日歩き回ったこともあったし、昭和十四年の春には帰省しないで上州へ行き、高崎近郊から伊香保へ上がり、榛名山をぐるっと回って帰った。

そういうふうにして、着手してから三年、四年とたつと、点々とではあっても信州や上州のサエの神にも理解が届くようになる。しかし、ここらあたりのサエの神は、それをサエの神とはいわず、ほとんどみな道祖神と呼んでいる。そしてまた依代《よりしろ》も神木ではなく、多くが石像で、それも男女の双体像であるのが西日本の各地とは大きく変わっていた。

それは東関東でも同じであって、たとえば茨城県の今は下妻市に入っている筑波郡高道祖村《たかさや》あたりでも、ここでは、サエからなまったサヤを地名としているが、文字は「道祖」としており、いろいろの口碑もあって有名だったので行ってみると、村の中央にしっかりした社殿を持つ道祖神社があったが、その境内に石造の身の丈大くらいのリンガがにょきにょき立っており、周りでは子供たちが無心に遊んでいた。

なお、この高道祖村へ行ったとき、帰りの汽車で偶然にも東洋史の松田寿男先生と一緒になった。筑波山からの帰りだといわれ、上野へ着くまでのあいだ一対一で「乾燥アジア論」を承った思い出がある。

あだ名がサエノカミ

サエの神を求めていろいろ歩き、また文献にも遡《さかのぼ》って捜していくと、この神の機能が実にさまざまであることが知られる。郷里の出雲などでは多くが耳の神となっており、耳が痛いときに願をかけ、癒《なお》ればお礼に椀《わん》のまん中に穴を開けて持って参るというが、中部・関東の各地では主として縁結びの神となっており、さらに夫婦和合の神とか子授けの神とか、はては下の病の神ともなっている。

かと思うと、足の病の神とか、道案内の神、旅行安全の神という所もあり、また病に関しても耳や足だけでなく、百日咳《ぜき》とか子供の病とか、広く疾病除けの神になっている地方も少なくない。

さらに、山口県の日本海岸などでは、何によらず物を欲しがる神だ。だから人にものをくれくれという者がいると、あいつサエの神のようなやつだという、というような話も聞いた。

だから、これはどうしても分布図に表してみなければならないが、それには地点をもっと密にしなければならない。しかし、大学図書館の関係図書は全部当たってみた。上野の図書館（今日の国会図書館）へも行ったし、神田の古本屋街も何度

信州今井村耕地（現松本市内）の
道祖神（昭和12年頃、文会堂写）

となく歩いてみた。といって、自分で一々空白地を歩きまわることはとてもできない。というので、昭和十四年ごろには級友をはじめとして、部会——今でいうクラブ、松風会という観世流謡曲部会に入っていた——の友人、その他少しでも懇意になった者がおれば、それをつかまえてインタビューしてみることにした。

その点、東京の学校はつごうがよい。全国から来ているのである。しかし、頃《ころ》は戦時中である。昭和十二年七月七日に始まった支那事変、今日いう日中戦争は鎮まるどころか日を追って激しくなっていく。そのさ中、世間では南京陥落だ、漢口陥落だといって興奮しているのに、その時局をもわきまえず、「君んところの郷里のサエの神は」などと聞くものだから、白い目で見られ、とうとう私にサエの神というあだ名がついてしまった。

そのようにして資料を集めたが、しかし、集めれば集めるほど機能が複雑になってきて、むしろますますわからなくなる。とにかく、初めからこんなに多くの機能を兼ね備えていたはずはないのだから、その当初の機能は何であったか、と悩んで、結局また高崎先生に相談した。すると、「なんだ、まだそんなところを歩いているのか」といって、柳田先生の『赤子塚の話』を見るように示唆して下さった。

そこで『赤子塚の話』を見ると、例によって当時の私などにはきわめてわかりにくい調子で説かれているが、それをくりかえし読んでいくと、結局、サエの神とはやはり境を守る神だということに落ち着くのである。

と、折も折、そのとき『地理学』という雑誌に、長野県で中学校の先生をしていられるらしい三沢勝衛という方が「道祖神の地理的研究」という論文を出していられるのが見つかった。地理の先生だからまず地図を描いて、村境・字境を入れ、それに一つ一つ道祖神の位置を示していられる。見ると、なるほどその位置は大半が境である。

そこで、たまたま夏休みになったので、郷里に帰って自分でもやってみることにした。といっても、今の出雲市あたりには、もうサエの神そのものが少なくなっている。東部には多いと聞いていたので、そのとき同じ部に三年遅れて入っていた、今の松江市山代町の真名井神社の広江君――この人は惜しくも早逝したが――をたよって山代へ行き、松江市の南郊地区でやってみた。と、さきの三沢氏の、信州でのと全く同じ結果が現れたのである。

そこで、今までのものを改めてもう一度よく読み返してみると、なるほど境というところから考えていけば筋がよく通りそうである。けれども、そのようにして読み返してみると、なんのことはない。このことは最初に読んだ柳田先生の『石神問答』に示されているのである。それがあの時には頭に入らず、この時に至り、自分で苦しんでみてようやく理解できたという次第であった。

折口学説にすがる

サエの神は境を守る神であった。境にいて外から荒らび疎《ひと》び来るものを防いでくださる神であった。だから、古典の時代にはこれを塞坐《さやります》神といい、また久那斗《くなど》の神ともいった。クナドとは「来るなかれの所」という意味である。

昔の村社会では、それが同族社会であろうと、そうでなかろうと、とにかく住む所を一つにするものはみな共同で、己の在所を守らねばならなかった。それは目に見える敵に対してのみならず、目に見えないモノ（悪霊）に対してもつとめねばならないことであった。だから、その共同の生活圏の入り口には、それぞれ威力たくましい神を祀《まつ》り、その防衛力にすがらねばならない、というところから、そこにいます神をクナドの神と呼び、時代が下ってからは疫病除けの神と考え、転じて百日咳の神、中耳炎の神ともして拝んだ。

しかし、そういう時代でも、村から外へ出たり、またよその村から入って来たりする場合も少なくはない。さらに、村から村へ長い旅をして歩く者も、なくはなかった。だから、そういう人たちとしては、その行く先々のサエの神にあいさつをし、そのとがめを受けないようにする必要がある。それには手向《たむ》けの儀礼をしなければならない。というところから、この神は旅立ちの神、手向けの神、旅行安全の神ともなっていき、そのためすでに中国で成立していた道祖─『魯語』その他に見える─の信仰とも習合し、呼称も道祖神といわれるようになるのである。すなわち、外敵防禦《ぼうぎょ》の神から道中安全の神への転換である。

しかし、ここまでのことならば、この神が境にいますというところから説明することが容易である。が、もう一つの機能、すなわち縁結び、夫婦和合、子授け、下の病といった機能となると、これではまだ説明が不可能である。境の神がなぜ縁結びの神になるのか、というところがどうしても解けない。

そこでまたまた苦心惨憺《さんたん》が始まるが、その結果たどりついたところは結局、折口信夫先生の常世《とこよ》の国、客人《まれびと》のお考えであった。

当時の折口信夫教授

折口先生には三年と四年のとき『万葉集』と『源氏物語』を教わった。あの頃の先生はまだ五十一、二であったが、いつも大きな湯呑《ゆのみ》に番茶をいっぱい入れて持ってきて、それをちびりちびりなめながら、ゆっくりゆっくり話される。

テキストとして持って来られるものは木版本だが、ときどきは持って来られないこともある。それでも一字一句かみしめるように話され、一つ一つの用字まで的確におさえられる。こちらはもう一語も聞きもらすまいとノートしていくのだが、そのノートは五十年以上たった今日でも、私にとっても最高の手引きとなっている。

国文科ではないので、演習にまでは出ることができなかったが、それでもあの先生から受けたものは大きかった。授業のほかに毎週木曜日には、先生の私設ゼミともいうべき郷土研究会での講義がある。これには毎週出席した。出てみると学生だけでなく、西角井・高崎・藤野岩友・今泉忠義・藤井春洋といった先生方も出ていられる。向かいの実践女専（今の女子大）からも来るという具合で、毎週たいへんな盛況であった。

名著『古代研究』はもう出されていたが、これはむずかしい、六回読んでもわからなかったという者までいたくらいであったが、それをくりかえし読み、講義での話を思い出し、いろいろ思案するうち、やっとどうにか筋らしいものが見え出してきた。

といっても、それを一々ここで説明することはとうていできないが、要は境を守る神がモノと接触することによって悪疫退散の神となり、ヒトとの交渉によって旅行安全の神となるとともに、常世の国から訪れてくるカミとの接触によって艶福《えんぷく》のカミにまで発展したのではないか、というのがその結論であった。

この結論はその後また、修正しなければならないようにもなるが、このときにはもうここまでゆきつくのがせいいっぱいであった。

サエの神その後

昭和十四年の暮近くなって、年来のサエの神研究がやっとどうにかまとまった。その二百枚を「サヘの神序説」と題して高崎先生に提出した。

十五年正月になって先生から呼び出しがあり、まだ不十分だが、せっかく書いたのだから雑誌に出してあげよう。ただし、雑誌のつごう上このままでは長すぎる。三十枚くらいに縮めて持ってくるように、といわれた。そのとき文章のいいまわし方、文字の使い方まで直して下さったが、そばに西角井先生もいられて、一々うなずいたり、笑ったりしていられたことを覚えている。

再提出した雑誌用の原稿はさっそく『国学院雑誌』の四十六巻三号に載った。見ると、巻頭に折口先生の「古代中世言語論」が置かれ、その次に鈴木敬三先輩の「蒙古襲来絵詞」による研究があり、その次に私のが載っている。しかも、そこまでが大きな活字で組まれているという、まことに破格の扱いになっていた。昭和十五年三月のことである。

やがて私も卒業して、郷里に帰った。そして、農業学校兼女学校の歴史の教師になったので、それから教壇に慣れるまでのあいだはしばらくサエの神とも無縁にすごさねばならなかった。ただし、村々を歩くときには、必ずその分布をおさえることだけは怠らなかった。

ところが、その結果わかったことは、山陰でもおよそ出雲能義郡の東寄りの地方から伯耆西伯郡のあたりにかけては、その位置が必ずしも境とは限らず、かつ機能も他がおおむね耳の神となっているのに対して、この一画ではもっぱら縁結びの神となっているということであった。つまり、この一画だけが島状をなして異相であることが知られた。

そこで、これが何によるかを究めねばならないことになったが、頃は戦争がいよいよ激化し、私自身いつ召集されるかわからぬこととなってきたので、とてもサエの神の研究などに携わってはおれぬことになってしまった。

昭和二十年戦争が終わり、われわれもふたたび研究活動ができるようになった。その研究機関誌『出雲民俗』で昭和二十七年五月、民間信仰の特集を試みることとなった。そこで、この際サエの神についても、一応まとめておこうと、それまでに抽出していた文献資料、伝承資料の一切、および私自身歩いて得た採集資料を一括し、これを「サエの神研究覚書」と題してその十五号に発表した。採集資料の範囲はとびとびではあっても、一応、播磨・因幡・伯耆・出雲・石見・備後・安芸・周防・長門および隠岐にわたっていた。

　すると、これはやや後になってからのことであるが、名古屋の名城大学の教授をする傍ら、母校国学院の大学院講師もしていられた祝宮静《はふりみやしず》先生が、それをゼミで使いたいとおっしゃる。この祝先生のことについてはまた改めて紹介しなければならないが、とにかくこの祝先生がそうおっしゃるので、こんなものを、と思ったが、御用に供することにした。これはそれほどまだこのころには、サエの神などということをやっているものが少なかったことを意味するものにほかならない。

　ところが、この状況がその後次第に変わってきた。民間信仰の研究が盛んになり、サエの神に関しても次々と研究物が出るようになった。山陰でも鳥取の蓮仏重寿氏が昭和三十年代の初め『因伯道神考』を出されたが、やがて平成になると、やはり鳥取の森納氏が因伯地区における詳細な調査に基づいて『塞神考』と題するB５判、四百五十八ジペーもの大冊を出版されたことは、知る人も少なくあるまい。

　また、その間、昭和五十四年には米子の高島信平氏が山陰民俗学会の年会で「サイの神の機能と形態」を発表され、ここでさきにいった米子を中心とする地区のサエの神がなぜ縁結びの神になっているかの言い解きにかかわるような見解を示されたことも、会員ならばご承知であろう。

　こうして、いまやサエの神研究は花盛りの観を呈し、もはや半世紀も前の私の論文などはそれこそ役に立たない〝古典〟になってしまったが、これは研究史の上からいえば当然、よろこばしいことであったとしなければならない。

二　タタラを訪ねて

樋ノ廻の夏

昭和十六年の六月であった。久しくごぶさたしていた高崎正秀先生から手紙がきて、今度『国学院雑誌』で民間信仰の特集をすることになって、柳田國男先生をはじめ民俗学界の方々に原稿を依頼している。ついては君にもスペースを与えるから、出雲に多いタタラの神、金屋子神のことについて書かないか、という文面である。

当時、私は安来の農業学校にいたので、能義郡の奥から仁多郡・日野郡の奥あたりにかけて、古来のタタラ吹きによる砂鉄製錬所のあることは聞いていたし、そのうち布部の樋《ひ》ノ《の》廻《さこ》鑪《たたら》へは、その前に学校の用務で出張したとき立ち寄ったことがあるので、それならばまずあそこへ行き、それから仁多・日野の方へも足を延ばせば何とか書けぬことはあるまい、と思った。それで、夏休みになって一応のごたごたがすんだところで、採訪に出かけた。

当時はまだ安来から直接奥へ入るバスはなく、そのかわり広瀬鉄道というのがあった。安来の下宿を未明に発《た》って荒島を回り、広瀬に着いて、それからバスで八時すぎ布部に着いた。そしてまず古藤吉助という、八十八歳になる元のムラゲ（技師長）を訪ねた。

古藤家を訪れると、老人はまだ休んでいるといわれる。それならば待たせていただきましょう、というので座敷に上がらせてもらった。すると、そこに一人、やはりよそから来て待っている人がいる。かすりの着物に黒袴《くろばかま》で、髪をばさばさにしたままの姿で、静かに雑記帳か何かを見ている。

ご主人が、ちょうど今、石見の方から来られた人です、といわれるので、ははあ、今時、他にもこんなことを聞いて歩いている人があるのだなあと思い、名刺を出してあいさつすると、先方もまた名刺を出して、ていねいに名乗ってくれられたが、なんとそれが市山の牛尾三千夫さんであった。

牛尾さんといえば同学の先輩、そのうえ『島根民俗』の創始者なので、前々からぜひお会いしたいと思っていた。しかし、当時は電話がなく、交通も不便で、そしてまたなんとなく石見は遠いという感じがあったので、それまで会う機会がなかった。それがこうして偶然に会えたのである。

聞けばやはり高崎先生からいわれて、金屋子信仰の取材を思いたち、実は昨日比田から下りてきて、昨夜は当家の前の宿屋で泊まったとのこと。

そう聞いて一瞬、なんだ、高崎先生は私にだけ命じられたのではなかったのか、そんならそうむきになることもあるまい、というような気がつっ走ったが、いやそう考えてはいけない。なんといってもこちらはまだ駆《か》け出しのひよこである。それを一人歩きできるようにしてやろうとの配慮から、こうして十年もの先輩をつけてくれられたのだと思うことにし、やはりまじめにやっていくことにした。

やがて老人が起きてこられた。そこでご主人の助けを借りて、牛尾さんと一緒に話を聞くことになった。しかし、なにぶんあの頃《ころ》の八十八歳の老人である。聞いてもすぐには答えが返ってこない。耳もかなり遠く、ご主人が大きな声でとりついでくれられるが、どうしても話がとびとびになる。

それでも私は、この前ここの樋ノ廻で、たまたまおられた細井正一技師から一応の話を聞いていたので、タタラとはどういうものかということが、粗々《あらあら》ながらも頭に入っていた。しかし、そこでの往時の職人たちの組織とか、その生活、さらに信仰のことなどとなると、これはムラゲ、炭坂、鋼造《はがねつくり》といった昔ながらの職人、それもできるだけ古い人に聞かなければならない。それでこうして古老を訪ねたわけだが、率直にいって話者があまりにも古老にすぎた。ぽつんぽつんと答えられることを、こちらがつなぎつなぎしてようやく理解できるという具合であった。

しかしまた、こうして初端から〝難物〟に出会ったということは、その後の聴き取り作業に大きな効果をもたらすものであったこともたしかである。

西比田の一夜

古藤家を辞し、私は予定に従って比田へ上がるというと、牛尾さんもそんなら自分も上がろうといわれる。だってあなたは昨日比田から下って来られたばかりでしょうに、といえば、いや昨日はあんまり収穫がなかったから、もう一度行ってもよい、といわれる。そんなら行きましょうというので、ちょうど上がってきたバスに乗った。

西比田で降りてまず昼食をというので、浪速屋という宿屋にはいった。二階座敷に上がってみると窓が大きく開いていて、向こうは一面の青田である。窓のすぐ下はトウモロコシ畑で、その葉が時折吹く

金屋子神社参道（昭和初年、絵はがき）

そよ風にさやさやと鳴る。イタチが一匹つっと顔を出し、あたりを見回してはまたすっとひっこむ。なんとものびやかな風景で、世間では戦争だといっていきり立っているのに、ここまで来れば全くの別世界であった。

ずっと向こうに鳥居が見える。あれが金屋子神社の参道だという。そんなら午後はまず金屋子さんに参って、話はそれからにしましょうということになった。

神社までの道はかなり遠かった。棚田の間を三十分近くも歩いたろうか。さっきまで青かった空が急におかしくなってきた。なんとなく降りそうである。

「これが二人だから心強いのです。知らない所を一人で歩いていたら、それは心細いものですよ」と牛尾さんがいわれる。

「それでもわれわれは歩かにゃいけませんね。乗物に乗ってすっと行って、当面のことだけを聞いて帰ってきたのでは、実感のこもった文章にはなりませんね」ともいわれる。

たしかに折口先生も、採訪には実感と直感が大事だといわれた。その教えをまともに受けて、そして卒業後十年もの山里歩きを続けてこられた牛尾さんの体験は貴重であった。

そういう貴重な話を聞きながらやがて神社に着いたので、手を洗い、口を漱《すす》いでまず拝礼した。

ここは諸国同名神社の総本社で、分社の範囲は出雲・伯耆・美作・備中・備後・安芸・石見の一帯にわたっているといわれる。縁起があって、初めこの神は播磨の国宍粟郡岩鍋（今の千種町岩野辺）に降臨なさったが、やがてわれは西方をつかさどる神なれば西方に赴かんといって、白鷺《しらさぎ》に乗ってここ比田の奥黒田の森の桂《かつら》の木に止まられた。それを神主安部氏の祖正重が迎え、朝日長者なるものが宮社を建てて祀《まつ》り出したのがこの社の始まりである、となっている。

その降臨の桂の木というのも社後にあり、また神主安部氏の子孫もその後代々この社の司として仕え、近世には神祇《じんぎ》管領吉田家を通じて従五位下信濃守に任ぜられ、今も社の下に大きな屋敷を構えていられる。そこへもおじゃましたが、ちょうど旦《だん》さんはるすだというので、話は聞けなかった。

宿に帰り、夕暮れまでの一時を牛尾さんは下の山本家へ、先代が写しておかれた『鉄山秘書』の写本を見せてもらいに行かれた。私は三十分ほど歩いた市原のタタラへ行った。休業中であったが、鋼造が一人いたので、その人の話を聞いた。鋼造というのは鉧押《けら》しのタタラでできた鉧の塊を粉砕し、その粗悪部分を取り除いていわゆる玉鋼をつくり出す職人のことである。その工程、信仰、往時の安部の旦さんの権勢などのことについて聞いたが、まだ七十代の方だっただけに話はよくわかった。

夜は牛尾さんと遅くまで話した。その日初めて会った間柄であったが、互いによく相手の素性を知っているので、気づかうことは一つもない。話は民俗調査に関するお互いの、といってもその多くは牛尾さんの体験から、民間伝承の会の誰彼《だれ》のうわさ、関敬吾さんほどの方でも昔話の採集にぬかりがあって、やはり先生から指摘を受けられたとか、澁沢さんが来られたとき、子爵でありながら三等車で来られたとか、当時の私としては初めて聞く、おもしろくもまたためになる話ばかりであった。

だから、あの一夜は私にとって、少し芝居がかったいい方をすれば、まさに賀茂真淵と本居宣長との松阪の一夜のようなひとときであったといえるのである。

民間信仰研究号

明くる日も天気は上々であった。牛尾さんと訣《わ》かれ、私は一人バスで亀嵩へ向かった。そして横田へ行き、とりあえず役場へ行って資料をもらい、土地の概況を聞いた。

鳥上の大呂に日立製鋼が始めた靖国鑪というのがあると聞いていたので、そこへ行くのが目的であった。

バスは午後までないというので歩いて行くことにした。約五キロである。今の者ならばとても歩くまいが、あのころには、五キロや六キロを歩くのは普通であった。道の両側はそれこそ一面の青田が原で、人影はただ点々と遠くの方に田の草取りと思われる姿が見えるだけである。ここにもまだ戦争の波は、少なくとも見た目には押し寄せていなかったのである。

靖国鑪に着いたが、夏のこととてやはり火は燃えていなかった。しかし、幸いなことに大鍛冶《かじ》の大工（技師長）が一人残っていたので、その人から大鍛冶の工程を聞くことができた。大鍛冶とは、銑《ずく》と、歩鉧《ぶげら》といわれる鉧の粗悪部分とをもって練鉄をつくる作業場のことである。そして、ここでつくる練鉄を地金《じがね》とし、それに鉧の純良部分すなわち鋼をかぶせて刃物をつくるのが小鍛冶、すなわち一般の鍛冶屋である。だから、小鍛冶は村にも町にもいるが、大鍛冶の方はタタラのある所でないといない。つまり、これは鍛冶といってもその実タタラの一部なのである。

その大鍛冶の工程を一つ一つ聞き、道具も見せてもらい、さらに禁忌《きんき》・呪術《じゅじゅつ》、そして金屋子さんの信仰に関することなどを聞いた。経験は豊かだが、年はまだ五十年輩の方だったから、話はよくわかった。

こうして昨日から今日にかけて、ムラゲ、鋼造、大鍛冶と、タタラにおける主だった職人の体験を聞き、そのうえ牛尾さんの体験談も聞いたので、その日はもう宿に入ることにした。

宿はタタラからちょっとひき返し、右手の道を少し進んだ左手にあった。たしか、むらくも旅館といった、その清閑な宿屋の二階にくつろいで、夕食後、昼のノートの整理をしていると、裏庭の方で、旧盆を前にした盆踊りの稽古《けいこ》かと思われる唄《うた》声が聞こえてくる。それを聞いていると、状況は全く違うけれども、なんとなくあの柳田國男先生の「清光館哀史」(『雪国の春』所収)の一節が思い出されてくることであった。

初めの予定では、この足で伯耆の方へも越してみるつもりであったが、バスは今年からなくなり、歩いてはとてもむりだというので、急に力が抜け、打ち切って一応帰宅した。そして、とにかくまとめてみることにした。しかし、やっぱり採集資料だけでは筋がたってこない。結局は『雲陽誌』などによって金屋子神社の分布をながめ、それに信仰伝承をつけ足したようなことですませてしまった。

十月になって本ができ、高崎先生からそれが送ってきた。見ると、普通号の三倍もの厚さで、柳田先生を筆頭に早川孝太郎・鈴木棠三・臼田甚五郎・桜田勝徳・大藤時彦といった方々がくつわを並べて書いていられる。その中に牛尾さんの「金屋神の信仰」と私の「金屋子神の研究」とが続けて収めてあった。

ところが、それに添えられた高崎先生のお手紙に「お初穂を柳田先生のところへ持って行ったところ、金屋子さんが二人いるね。石塚という方が実証的でいいね」とおっしゃった、とある。「うそだろう、十年も先輩の格調高い牛尾さんの文より私の方がいいなどとおっしゃるはずはない」と思ったが、やがて必ずしもそうでないことがわかる、あるできごとが起こるのである。

それはしばらく先のこととして、とにかくこういういきさつがあったので、それからはただひたすらタタラ、金屋子神を追うこととなった。しかし、そのころにはまだこういう方面をやった文献がなく、わずかにある歴史関係や文学関係のものの中から、とずれはずれの記述を見つけ出すのがせいいっぱいであった。

採訪にはしばしば出た。夏・冬・春の休みになるのを待ちがてに飯石・仁多の奥から伯耆の奥、備後・備中・美作の奥、さらに金屋子神降臨最初の地とされる播磨の奥千種村をも訪ねた。そういうことをして昭和十六、十七、十八年を送った。

天佑書房からの手紙

昭和十八年の九月であったが、ひょっこり山上八郎氏がやってこられた。山上八郎といっても今ではもう知る人もあるまいが、あのころには甲冑《かっちゅう》の研究家として有名で、大著『日本甲冑の新研究』をものし、弱冠二十八歳で学士院賞をもらったたいへん偉い人ということになっていた。その山上氏の東京幡ケ谷の宅に学友の今井正君が寄宿していたことからつい近づきになり、学生時代にたびたび行くようになって、最後には教えてもらうことより使われることの方が多い、結局は無給助手のような形にされてしまっていた。

しかし、たいへんな奇人で、私も最後には全く辟易《へきえき》してしまったが、その山上氏がやってきて泊まられ、何日も調査に歩かれた。そして、夕方私が学校から帰ってくるとさっそくつかまえ、今日はどこそこへ行ってきた、どうだった、こうだったとひとしきり報告がある。そして、こういう点が問題だが、あんたはどう思うか、というような話になる。

もちろん、それは甲冑のことだけでなく、むしろ日本史の全体についてであったが、とにかくそういう話を交わしている間に、私のタタラ研究がどこまで進んでいるかを知られると、そんならもうまとめて本にしたらどうか、出版社に紹介してやろうか、といわれる。

しかし、そのころになると私ももう氏のくせがわかってきているので、またいいかげんなことをいわれる。この統制のきびしい時代に、そんなに

八雲鑪（昭和19年１月）

簡単に無名の者の出版をひき受けてくれる所があるものか。まあ、この食料不足の時代に何日も滞在したので、この場しのぎにいっていられるだけであろう、くらいに思い、適当にお礼だけはいっておいた。

ところが、あにはからんや、本当にいわれたとみえ、それからしばらくたったころ、神田の天佑書房というところから丁重な手紙が来た。山上八郎先生に伺うと、先生（私のことである）にはかねて「中国鉄山誌」（と勝手にきめて）ご出版のお気持ちがあるとのことですが、できたら早速にも玉稿を拝見させていただきたい、とある。

そこで、これはしたりと思い、実はまだ十分に推敲《すいこう》していない。急いでするからしばらく待っていただきたい、といっておいて、それから本気で構想練りにとりかかった。

けれども、風雲いよいよ急、補充調査に出るようなことはもうとてもできない。と、そのとき私が勤めていた県立今市高等女学校の三年生に、知井宮の八雲鑪の刀匠の娘さんがいることがわかった。

八雲鑪というのはそのころ帝国陸軍の要請で、日本刀鍛造のために新設されたもので、建物は既設のソーダ会社の建物であっても、中でのやり方は昔どおりだということは聞いていたが、なにぶん陸軍御用ということだったのでなんとなく近づき難く、それまでには行っていなかった。

だが、こうなると行かねばならない。その娘さんを通じて、お父さんの天津正清氏に話をつけてもらい、けっして軍機に触れるようなことはしませんから、というので、一日出かけた。

行ってみると、なるほどよく吹いている。それまでにもタタラは布部の樋ノ廻をはじめとして比田の金屋子、鳥上の靖国、多里の新山と数カ所を歩いていたが、いずれも夏季で、休業中のため、その実際を見ることはできなかった。それがここでは見られたので、非常によくわかった。

こうして、その後も二回、合計三度行って記録をとり、写真もとって操業の過程を一応整えた。一方、文献にも当たり、また歴史的、地理的見方も必要なので、そういう方面の図書にも当たり、十九年の五月になってからであったが、どうにか四百字詰め五百枚くらいにまとめることができた。

そこでさっそく山上大人《うし》にあてて発送したが、あたかもそれを待っていたかのように、過ぐる徴兵検査のとき第三乙種であった私にも、いよいよ陛下のお召しが来、六月六日浜田歩兵第二十一聯《れん》隊留守部隊に入隊したのである。

なお、これは戦後復員してからのことであるが、上京してみると大東京は灰燼《かいじん》に帰し、あの苦心惨《さん》憺《たん》の原稿がとどいていたはずの天佑書房は、どこにもなかった。

軍装検査の最中

召集はいわゆる白紙召集、つまり教育召集であった。だから、三月たてば一応帰される予定であった。ところが、サイパン島が玉砕した。おそらくそのためであったろうが、中支戦線にいる屈強な兵を南方へまわし、その後へわれわれ補充兵どもが行かせられることになった。

補充兵でも出陣は出陣である。営庭に並んで戎衣《じゅうい》、兵器の支給を受け、点検を受けた。その検査の最中、一通の手紙を受けとった。見ると住所は東京、氏名は尾高邦男とある。尾高邦男とは知らない人だが、と思って開いてみると、自分は東京帝大で社会学を担当している。今度、タタラのことについて調べようと思い、柳田國男先生に相談すると、タタラのことなら出雲の石塚に聞くように、とおっしゃった。それでかくは伺い上げる、という内容である。

これはしたり、柳田先生にはこの私の名をご記憶であったのか、先年高崎先生がいわれたことはやはり本当だったのか、と思い、まさに戦慄《せんりつ》するほどの感激を覚えた。

そこで、この返事はなんとしても書かねばならないと思うが、初年兵の悲しさは、この状況のもとではどうにもならない。とやせむ、かくやせむと思ううち、幸い大休止となったので、この間にと思い、前任校で同僚であった細貝教諭が軍曹でいる聯隊本部の下士官室に駆けこみ、紙切れと封筒をもらい、タタタの所在地、道順、また話者として適当な人の氏名など記憶にある限りを走り書きに書き、今度は教え子の父君で、大尉で召集になっていた塚原正義氏にたのんで出してもらうことにし、それでやっと一息ついた。

そういうことがあったので、入隊以来訓練に次ぐ訓練で、軍人勅諭と作戦要務令ばかりになっていた頭の中に、忽然《こつぜつ》とまたタタラのことが思い出されてきたのである。

軍用列車で博多に行き、輸送船で釜山に渡り、それから貨物列車につめこまれ、朝鮮半島を一路北上、鴨緑江を渡り、遼陽を経て山海関に入る。そして今度は南へ向かい、黄河を通過し、揚子江を渡って南京で空襲に遭い、嘉興からはクリークをヤンマー船で進み、太湖の西南方一泊二日くらいの所に着いた。

浜田を出発したのが八月二十六日、駐屯地に着いたのが九月十二日であったから、結局十八日かかったわけである。その間、ことに汽車の中ではすることがない。動くこともできないので、あたりの風物に見飽きると、ただもうじっとして思いにふけるほかはなかった。そこで自然、またタタラのことが思い出されてくるのである。あのときはよかった、あのときは失敗した。分布は調べたがまだあの面が足りない、などなどである。

駐屯地では改めてまた三カ月の訓練があり、そして内地との通算半年の訓練期間がすぎると、それでいよいよ初年兵ながらも一人前ということになって中隊に配属される。中隊はさらに奥地にあって、鎮静地ながら第一線であった。これはえらいことになった、体がもつかな、と思っていたところ、どうしたわけか一週間ほどたったころ命令が出て、私だけは杭州の旅団司令部勤務となった。そして、人事功績室で准尉殿の助手をすることになったので、体は大いに楽になった。そのかわり、夕方班内に帰ってくると、古兵殿からしぼられる。きさまらあ楽をしやがってえ、とどやしつけられる。だから、人一倍きりきり舞いをしなければならない。ベッドに入り、消灯になってからやっと自分の時間になる、という具合であった。

寝て、毛布をかぶって考える。考えることはいろいろだが、そうするうち自然とまたタタラのことになってくる。それは眠りにつくまでのほんのつかの間のことではあるが、それでも毎夜毎夜そのようにしていると、いつのまにやらタタラ調査についての設計図ができ上がってくるのである。

もし、もしである。生きてふたたび帰ることができたならば、ぜひ連続してタタラ地帯を歩いてみたい。そうだ、中国山地の分水嶺地帯を西から東へ縦断してみよう。そういう構想がしだいに固まってきたのである。

柳田先生にはもちろん着く早々に便りを出した。ご返事がきたのでまた出し、またいただいたが、残念なことにその貴重な二葉は、復員のとき上海で没収されてしまった。

復員・混乱・入門

越えて昭和二十年八月、テ号作戦とかいう後始末の最中、不意に全員師団司令部へ集まれという命令が出た。それで十五日、杭州の第七十師団司令部に集結してみると、なんと天皇の玉音放送があり、戦争は終わったと仰せられる。

しかし、やにわにそう承っても、ちっとも終わったような気がしない。第一敗《ま》けたという実感が正直なところ涌《わ》いてこないのである。だが、五日たち十日たち、二十日もたちするあいだには、だんだん状況がわかってきて、身辺もしだいにみじめなことになっていった。やがて移動、待機、武装解除となって、翌二十一年三月の初め、われわれも上海から輸送船ＬＳＴに乗った。

博多の港に着いてみると、祖国日本はまさしく焼け野原である。岸頭には雲つくような米兵が立っている。それは覚悟していたことだったが、そこでどうしても腹にすえかねたのは、そこにいる日本女性の姿であった。若い女が頭をさっそくウエーブにし、毒々しいまでに口紅を塗って米兵の腕にぶらさがっている。

たったこのあいだまで、強制されていたとはいえ、とにかくモンペ、鉢巻に身を固め、竹槍《やり》をしごいて米英撃滅に突進していたあのやまとなでしこがである。ひとたび敗けたとなると、昨日の敵に操を売る。なんたることかと思うが、こちらはおんぼろの敗残の身、どうにもならない。

やっとわが家にたどりつき、肉親に涙で迎えられ、ひととおり落ち着いたところで、まずもって一年半出勤しないで月給をもらっていた勤務校へ行った。すると、学校がまた変わっている。終戦の日からすでに半年たっているので、当然といえば当然であったろうが、こちらはしかし、あの応召の十九年の六月の頭でしかない。これがあのいきり立って、生徒にはもちろん、われわれにまで叱咤《しった》の声を飛ばしていた同じ同僚であろうか、と思うような姿ばかりであった。

新聞を見てもさっぱりわからない。これから先どうなってゆくのか、こういう混沌《こんとん》、というより伝統破壊の風が進むとすると、ことに民俗学のような、その窮極の目標はどうであれ、当面的には、あるいは方法としてはつとめて日本の古いことを捜し出すことを任務とする学問の場合は、これから先やってゆけるであろうか、それが心配でたまらないようになってきたのである。

当時の柳田國男翁

そこで、これはどうしても東京へ行って、柳田先生にお目にかかってみねばならないと思った。行列して切符をとり、リュックサックに米をつめ、むすびも何食分も持って、復員そのままの姿で殺人列車に乗りこんだ。むろん鈍行で、それも行っては止まり、行っては止まりして、結局は三十時間近くもかかったように思う。

やっとたどり着いて、まずもって杉並の伯母の家に行き、それからとりあえず久我山の橋浦泰雄氏の宅へ行った。橋浦氏というのは鳥取県の出身で、そのころ『民間伝承』の編集を担当していられた人である。学生時代しばしば行っていたので、そこへまず行き、学界の近況を聞き、そして柳田先生のお宅へやにわに伺ってもいいだろうか、と聞いてみると、いいよ、先生喜ばれるよ、といわれる。それで安心して新宿から小田急に乗り、成城のお宅へ伺った。

刺を通じて、直立不動の姿勢で待っていると、二階からとんとんと先生が降りてこられた。まず白足袋の先が見え、次いでお顔が見えた。そのとき先生ちょっと止まり、きっとこちらを見て「よく帰って来ましたねえ」とおっしゃった。

「はあっ」といって、こちらはもう胸がしめつけられるようである。さあ上がれとおっしゃるので、それからあの広い書庫兼研究室兼応接室へ入らせてもらい、テーブルを挟んで先生と向かい合った。

話はまず先生の方から聞かれ、それに一つ一つお答えするという形で進んだが、そのうちにこちらもだんだん落ち着いてきたので、思いきってこのあいだから案じている民俗学の将来ということについて伺い上げた。すると先生は、けっして案ずることはない。案ずるどころかこれからはおそらく旧に倍して盛んになる。民俗学は科学である。あることをあるがままにながめて、そこから自己の現在おかれている立場を認識する学問だ。おそらく今後は世間がこの学問を捨てておかないだろう。若い者はいっそうしっかりやれ、という意味のことをおっしゃった。

それはまことに、目からうろこが落ちるようなお話であった。

先生はそのとき、初めて来たのだからといって、できたばかりの『村と学童』というご著書を出して、それにサインまでして下さった。

この日、昭和二十一年四月八日、私はこの日をもって勝手に入門の日ときめた。

中国山地の縦断採訪

柳田先生にお目にかかり、勝手に入門を誓ってからちょうど一月、それは奇《く》しくも一月目であったが、昭和二十一年五月八日の新聞を見ると、そこにいわゆる教職追放令が発表されていた。それに、左記学校を卒業したもの、という条項があって、その中に陸軍士官学校・海軍兵学校・拓殖大学などとともに神宮皇学館大学・国学院大学神道部という名が入っている。要するに軍関係・拓殖関係・神道関係の学校の名が入っている。それも昭和十二年七月七日、すなわち日華事変勃発《ぼっぱつ》の日から、昭和二十年八月十五日の太平洋戦争終結の日までの卒業生がいけない、となっていたのである。

どうしてそこのところだけがいけないのか、あとで文部省の適確審査室で聞いたところによると、とにかく占領軍としては神道というものを目の仇《かたき》にし、初めは大小にかかわらず神職の資格を持つ者はみんないけない、といってきた。しかし、それでは大変な人数になるので、嘆願に嘆願を重ね、それならば代表者を出せということで落ち着いた。その結果がこうである。不合理だが納得してもらいたい、と

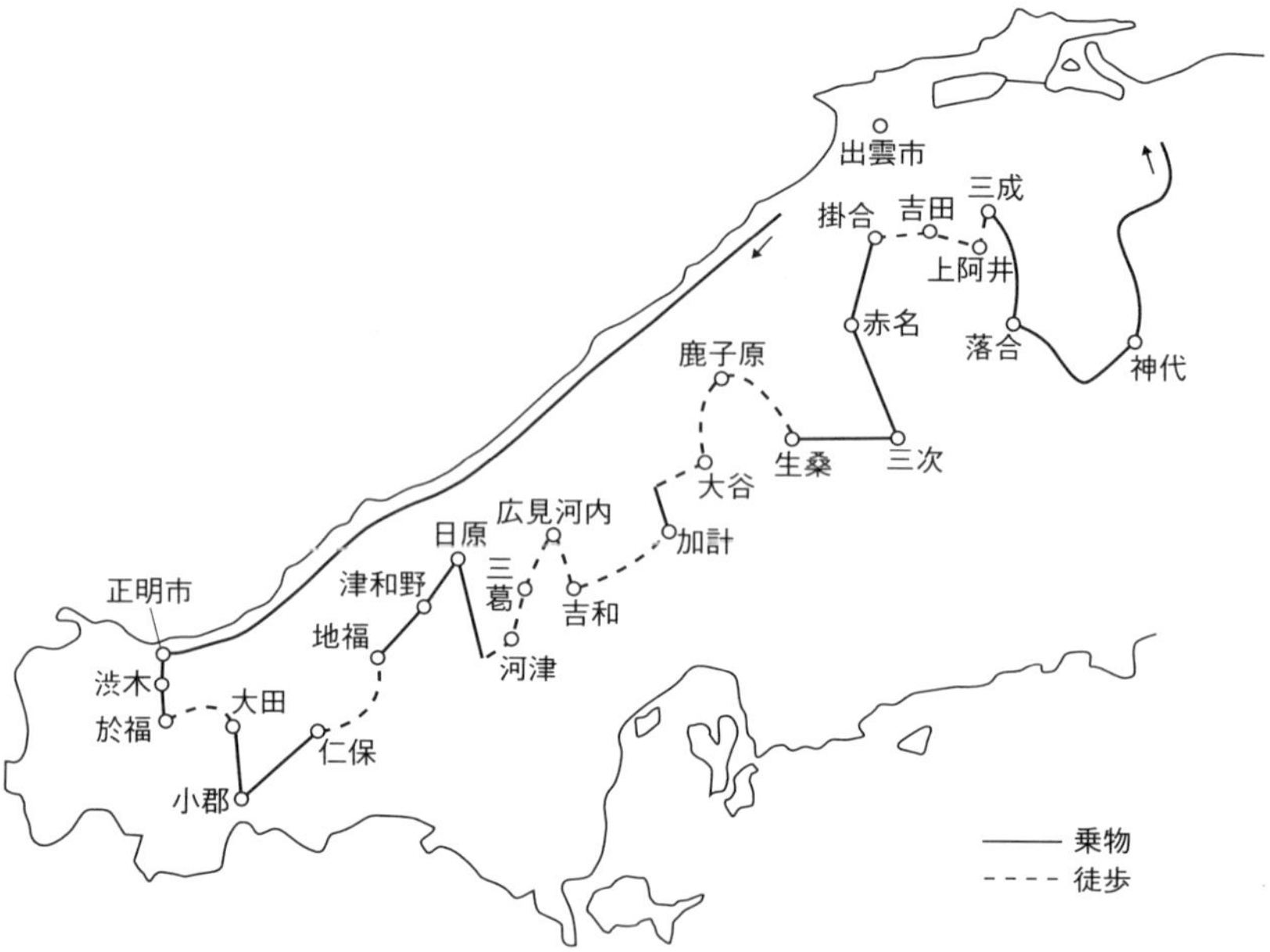

いうことであった。

そういわれても納得できるものではなかったが、あの情勢のもとではしようがなかったのである。やがて講和条約が締結され、独立をとりもどすことによってこれは解けるが、このときには将来そういう日が来ようとは思われもしなかった。

なんとかして再起の道を講じなければならないが、再起といってもつぶしのきかない身では簡単にいかない。そこで、とにかく情勢がもう少し落ち着くまでどこか山の中へでも入っていよう。そうだ、民俗採訪に出かけよう。ならばあの兵隊時代、毎夜毎夜ベッドの中で考えた、中国山地の縦断を今こそやってやろう、とそう決断したのである。

六月二十一日、リュックサックに米を詰められるだけ詰め、外に食糧切符も持って、一路山口県の正明市（長門市）へ向かった。そして美祢線に乗り換え、渋木で降りて鍛冶職を訪ね、於福で降りてまた訪ね、それからはもっぱら歩いて鍛冶・鉄穴師《かんなじ》、あるいは村長・神職といった人たちを訪ねて別府・秋吉・大田と進んだ。そしてバスで小郡へ出、山口線で仁保まで行き、それからまた歩いて抽野に入り、地福へ出て汽車に乗り、津和野で降りて沖本常吉氏に会い、日原で降りて岸田儀平老を訪ね、六日市に上がって蔵木に入り、その最奥部の河津に入ったところが、そこではまだ電灯がなく、夜になるとランプの前の肥松の明かりであった。

それから三葛越えをして匹見に出、広見河津に入ったところ、小さな分教場に簸川郡荒木村（大社町）出身の川上先生父娘がおられ、久しぶりに出雲弁で話すことができた。

広見の南は安芸である。五里山を越えて吉和村に入り、筒賀を経て加計へ行き、隅屋といわれたタタラ親方の加計家を訪ね、それからまた乗ったり歩いたりして山廻村の大谷に入り阿佐山の峠を越えてふたたび石見路に入り、市木を経て石見村鹿子原の三宅家を訪ねた。そして、ここで二つも泊めてもらい、話を聞き、文書を見せてもらい、それから田所を経てもう一度山陽側に入り、生桑を経て三次へ出、バスで赤名に入って倉橋家で赤穴八幡宮の縁起を聞き、来島・津加賀を経て、吉田村の民谷に入り、吉田の町へ出て田部家を訪ね、菅谷では十四代のムラゲ堀江要四郎氏に出会い、上阿井では桜井家を訪ね、三成へ出てもう一度南へ向かい、備後落合を経て備中神代へ出たところで米がなくなった。というより、精魂が尽きたのである。

それが七月十七日であったから、結局二十八日間の旅だったわけである。その間六、七夜は民家に泊めてもらったが、あとはすべて木賃宿であった。泊まり賃は食糧切符あるいは米を出して弁当つき二十円というところであった。

収穫は多大であった。当面のねらいはタタラであったが、それのみならず、これによって中国山地の西半という所が理解できたのが大きな収穫となった。そしてまたそれによって出雲・石見・安芸・備後の民俗の地域差、またその地域差を生み出す地域性の問題にも頭をつっこむことになるのである。数え年二十九歳、満でいえば二十七歳十カ月の終わりの仕事であった。

どん底生活での生きがい

中国山地の縦断で成果を挙げ、それを整理することによって憂さを忘れるとしても、人間やはり生きていかねばならない。ところが、その方策が立たないのである。

そのころになると追放がいよいよ正式決定になり、それまであった月々の収入が当然なくなった。のみならず、追放でやめた者には退職金も出してはならない、となったため、まったく身一つで叩《たた》き出される形になってしまった。

だが、それよりも苦しかったことは、条項該当者が意外と少なかったことである。島根県下では小中学校・師範学校・高等学校（現島根大学）を通じて四十人とはいなかったはずである。私が勤めていた学校では、そのとき男子教員の中で一番若く、したがって一番末席であった私一人が該当し、他の人には何のおとがめもなかった。

こうなると、私だけがいかにも悪い奴に見えてしまう。そのため、事情をしらない世間の人たちは白

長野県飯田市に移築されている柳田邸（民俗学研究所）の東出口（平成２年）

い目で見る。たまたま代わりの職場を世話しようという人があっても、雑音が入って途中でみな立ち消えになってしまう、という具合で、やがてはさる人の推薦で、県機関に嘱託として出るようになるのだが、それまでの数カ月間は全くの無収入であった。

そのうえ年が明ける早々、いわゆる農地改革があって、それまではほんの猫額大ほどであっても、食うだけの米は入っていたものが、それもないことになってしまった。まさに踏んだり蹴《け》ったりのていたらくであった。

しかし、そういう生活苦の問題もさることながら、それ以上やるせなかったのは、ひそかに学問をもって再起しようと誓った願いが、これではとうてい実現すべくもないということであった。

と、昭和二十二年の春ごろであったが、珍しくも学会の知友今野《こんの》円輔氏から手紙が来た。近く柳田先生を中心に民俗学研究所ができる。研究所であるから研究員をおかねばならないが、これを学問の性質上、地方からもとることになった。ついては貴下にも希望があれば、至急研究テーマをきめ、関係書類をそろえて送ってくれられたい、というのである。

なんとその便りがありがたかったことか。まさに捨てる神があれば拾う神があるとはこのことだと思い、それこそ東方へ向かって最敬礼をしたいくらいの気持ちであった。

むろん研究員になったからとて、生活までは見てもらえない。しかし、これで研究成果が生かされるのである。さっそく書類を出した。テーマをきめねばならないが、とっさのこととてほかに案はない。やはりタタラの問題でやることにし、「鍛冶神の信仰とその伝承者とに関する研究」とした。

当時の名簿がある。昭和二十二年十月現在のものとして、代議員は石田英一郎・柴田勝・関敬吾・瀬川清子・橋浦泰雄・柳田國男・和歌森太郎の七名。

常任委員は大藤《おおとう》時彦・今野円輔・直江広治・堀一郎・牧田茂の五名。

そして研究員は、上野勇（群馬、民間療法）・宮良当壮（東京、方言）・早川昇（北海道、東北・北海道民の食物）・石塚尊俊（島根、鍛冶神とその伝承者）・大月松二（山梨、社会科教育）・和歌森太郎（東京、社会倫理）・竹田旦（東京、水神信仰）・三須義文（東京、若者組）・神島二郎（東京、我意識の変遷）・戸川安章（山形、修験道）・今井善一郎（群馬、行人塚）の十一名となっている。

その後、研究員は若干増え、萩原龍夫（東京、社会倫理）・池田弘子（東京、交通語彙《ごい》）・小井川静夫（青森、権現信仰）・岩崎敏夫（福島、小祠《しょうし》）・最上孝敬（東京、民間信仰）の名が上がってくる。また、代議員・常任委員の中からも研究員を兼ねる人が増え、大藤時彦・瀬川清子・直江広治・今野円輔・牧田茂・堀一郎氏らがみなそれぞれテーマを持って名を連ねられた。

やがて研究所は財団法人になり、文部省の助成金も入り、その他辞典・語彙などからの印税収入もあるようになって、時勢そのものが民俗学に期待するのと相まって、大飛躍をするようになるのである。

当時の『朝日新聞』は囲み記事で、「初めから実証主義をふりかざしてきた民俗学は今日のホープである」とまで持ち上げた。

研究所での人間関係

研究所へ出入りするようになったといっても、遠い所にいる者はそう繁々とは出られない。ことに役所などにかかわっている者としてはせいぜい年に一度、よっぽどつごうをつけて二度である。だから、出るときには、日ごろの疑問をみなひっさげて出る。見たいと思う本の名を書き上げて出る。研究所には壁一面に貴重本が置かれている。みな先生から提供されたもので、その数はおよそ二万冊といわれていた。

当時は本が少なく、殊に専門書になればなるほどその数は少なかった。復刊などはできない時世だったから、売り切れたとなるともう版元にもないのである。それが研究所には全部そろっている。だからここへ一週間も〝通学〟すれば、田舎で隔靴掻痒《かっかそうよう》の思いをしていることが次々と解決する。その上ありがたいことに、ここにはこれまた先生から提供を受けた資料カードが何千枚とある。これこそ図書館にも大学にもないもので、碩学《せきがく》が身をもって作成された珠玉のものであった。

だから、たまの滞在期間中はそれを写し、本を写し、少しの時間もむだにしないようにしなければならない。むろんカード・図書を写すだけが仕事ではない。そこへ入れ代わり立ち代わりやってくる先輩たちとの話が、また大事であった。

代議員・常任委員の名はさきにあげたが、ああいう人たちはみな年齢的にも私よりも先輩であった。年齢的にのみならず、その多くが東京在住者であり、大学その他研究機関の関係者であることによって、質的にもみな先輩であった。だから、そういう方たちと話すことは、結局ディスカッションをして研究を深めることになるのである。

出たときがたまたま研究会の日であると、理事クラスの人がほとんど集まり、そうでない人でも出入りを許されている人が大勢集まってくる。むろん近くの地方の研究員は集まってくる。そこで、誰かが発表をし、それに対して誰もが質疑する。私も発表させられ、鍛冶神の伝承者としての金屋の問題について話した。

先生はふだん二階の居室におられ、時々降りて来られる。それを待ちがてに誰もが行っておたずねする。それに対して先生は一々答え、ヒントを与えて下さるが、特に地方の者には親切であられた。

何カ月かの間をおいて出て行くと、久しぶりに来たから今日は散歩につれて行ってやろうといわれる。これはありがたい、と思ってついて出ると、なんとその早いこと、すでに八十近くになっていられたのに、袴をつけステッキを持ってたったたっと歩かれる。およそ二キロはあったろうと思うが、その間休まれたことは一度で、あとは三十代のこちらが汗をかくほどの達者さであった。

散歩中、ほとんど絶え間なく話しかけられる。それに対して一々答えねばならないが、これが一つ一つみなメンタルテストだと思うと、こちらは一緒に風物を楽しむどころか、まさに緊張の連続であった。

そういう空気を見てとられるのか、急に調子を変えて、タタラの問題はおもしろい。ほかにやっている者がいないのだから、できたら本にしようかね。どこがいいかな、東京堂がいいかな、などといって下さる。

かと思うと急に立ち止まり、あの花は出雲あたりで何と言っている？　あの鳥は、と花や鳥の方言名を聞かれる。これには困った。先生に『野草雑記』『野鳥雑記』というご著書のあることは知っていたが、それにしてもその知見の広さにはただただ恐れ入るばかりであった。

あるときはまた二階へ来いとおっしゃって、先生の居室でいわば特訓を受けることもあった。聞けば、二階の居室へ入れてもらえるのはきわめて稀《まれ》なことだったそうで、あとから若い所員にうらやましがられたほどであった。

所員として二十年代の中ごろ、月給をもらって勤めていた人たちとしては、大藤時彦・大間知篤三・直江広治・井之口章次・福島惣一郎・鎌田久子・高橋真澄（後の竹田夫人）・郷田（後の坪井）洋文の諸氏がいて、辞典や語彙の仕事をしていた。これらの人たちも後にはみな巣立って、多くは大学の教壇に立つようになるのである。

二十年代の発表

研究所時代、研究員は義務として論文を提出しなければならない。しかし、当時は出版事情がまだ回復せず、論文を出してもそれがすぐには印刷にかからなかった。それで誰もが、これもそのころようやく回復に向かっていた『民間伝承』や、その他各地で芽生えつつあった地方学会の機関誌に出した。

私の場合もまず『民間伝承』に出している。昭和二十二年十月付けになっているその第十一巻十・十一合併号に「鑪に於ける禁忌と呪術」と題するものを出したのが最初であった。これは折口信夫先生の還暦記念特集号であったが、見ると巻頭に柳田先生の「折口君といふ人は」云々《うんぬん》という折口博士評価の文が載り、次いで大藤時彦氏の「折口先生の民俗学」があって、その次に私のが載っている。そして、後にはもう論文はなく、ただ国大郷土研究会の報告や折口先生の著作目録ばかりという形になっている。

どうしてこういうことになったのかを、後で大藤時彦氏に聞いてみると、「とにかくほかの人のは間に合わなかったんだよ」といわれたが、それにしてもせっかくの折口先生の記念号に「折口先生に捧《ささ》ぐ」とした文が私のだけというのは、あまりにも異様であり、結果として抜擢《ばってき》された形の私としては、かえって身の細る思いがしたほどであった。

とにかく、それほどまでにもこのころには、書こうにも資料が少なく、また書いても印行することがむずかしかったのである。だから、私なども書いたものを早く大勢の目で批判してもらうためには、てっとり早い方法をとらねばならなかった。たまたま二十四年から、われわれの仲間で後の『山陰民俗』の前身の『出雲民俗』を出していたので、まずこれに出した。二十四年の第三号の「鍛冶聞書抄」、二十五年の第十一号の「鍛冶神の信仰」、第十三号の「金屋子信仰の伝承者としての金屋の問題」などがそれで、これらにより、さきに中国山地の縦断で得た資料をはじめ、その他の採集資料を整理した。

また、二十四年になると、今日いう日本民俗学会の年会が始まったので、その二年目の慶応での年会のときには、特に播州千種での採集を元にした「技能集団の封鎖性と漂泊性」を発表した。

財団法人民俗学研究所の紀要『民俗学研究』が発刊され出したのは、昭和二十五年であった。しかし、ようやくの思いで発刊され出しても、その回数は年一回であったから、容易に発表の番が回ってこない。ようやく二十七年の第三輯にその番が来たので、「金屋子降臨譚」を書き、『鉄山秘書』に見える降臨譚に吉田の菅谷、伯耆の印賀などで伝えられている話を合わせ、赤名町の赤穴八幡宮での縁起の助けを借り、柳田先生の「炭焼小五郎が事」に迫っていくものを書いた。そしてこれで、鑪および金屋子信仰に関する研究報告は一応終わりとした。

いずれにせよ、このように話すと、時間をかけながらも研究そのものは順調に進んでいたように聞こえるかもしれないが、事実はけっしてそうではなかった。なんといっても資料が少なく、先例はなく、全く探り探りの連続であった。だから、その欠を補うためには出歩かねばならない。あるいは東京へ出てもまれなければならない。しかし、金がない。わずかにもらっている月給を割いて出れば女房が困る。子供にも人並みのことがしてやれないと思うが、それでもやっぱり出て行ったのである。

このときから約二十年後、思いもよらず恩師から学位論文を出せということがあり、しかし、そのためには新制大学院博士課程単位修得の認定を受けなければならないとなったとき、この時期やっていたことなどもその読みかえの役を果たすことになるが、この二十年代の当時には、もちろんそんなときが来ようなどとは予想できるものではなかった。ただなんとしても再起しなければならないという、いってみれば一人犠牲になって追われた者の劣等感の裏返しが、私をしてそうしたむちゃくちゃな行動をとらせていたのである。

ところが、どうしたわけか急に昭和三十二、三年ごろから一般にタタラ研究が盛んになった。そのため、私などにも百科事典や講座や、協会・企業の雑誌などからしきりと原稿依頼があるようになった。それでそれからは、いわば金になる原稿が書けるようになったのである。

余白録1　若いころから今日まで調査ということでどのぐらい出ているか。野帳・日記を整理してみると、調査といっても民俗でない調査もあるので、これは除き、あくまでも民俗調査ということだけで整理してみると、昭和十二年から始めて十年代には合計八十五日（うち宿泊十九泊）、二十年代には九十五日（七十一泊）、三十年代には三百十六日（二百五十泊）、四十年代には百八十三日（百二十泊）、五十年代には百三十二日（六十九泊）、六十年代以後平成九年までは九十二日（六十八泊）、合計この六十年間で九百三日（五百九十七泊）ということになった。

三十年代がとびぬけて多いが、これは数年ぶりに学校へ復帰して、ふたたび夏・冬・春の休みに恵まれるようになったことと関係がある。それが四十年代になると少し減ってくるのは、また役所勤めになって、その自由がきかなくなったためであるが、それでもこの程度に達しているのは、その職務内容がもともと民俗・芸能の調査を主とするものであったからである。

歩いた地域は一応北海道から沖縄・八重山、そして韓国にも及んでいるが、その間、地方別にいって多かったのは九州の十一回、南島の六回であった。地元の中国地方では短い探訪を何回となく行っているが、一週間以上もの長期にわたって何回も歩いた所としては、陰陽の分水嶺地帯、島根半島、および隠岐島がある。

なお山梨県へだけはどうしたわけか、いまだに一度も足を踏み入れていない。

三　納戸神を求めて

伯耆東伯郡矢送村

第三話は納戸神《なんどがみ》である。納戸神とは納戸すなわち寝部屋にまつる神のことである。もっとも納戸という言葉はもともと寝部屋という意味ではなく、文字通り物を納める所の意味であった。しかし、それがいつごろからか寝部屋としても利用されるようになり、ついに納戸といえば寝部屋だという考えが普通になった。ただし、現在では家屋改造が進んで、家の構造そのものが変わってきているので、いま納戸といっても若い層には通じないかもしれない。

とにかく、納戸は寝部屋であった。だからそこは家の中でも一番奥にあり、薄暗く、昔はろくに掃除もしていなかったといわれる。ずっと昔はわら布団が敷いてあったという話もある。

ところが、そういうところへ神棚を設け、また正月にはそこへ一番大きなお飾りをするという地方があった。これは、都会地をはじめ他の大部分の地方の常識からは、理解しにくいことである。

私がこの習俗に初めて出合ったのは、昭和十八年の六月であった。所は伯耆東伯郡矢送村で、今の関金温泉の奥である。日誌によれば六月六日となっている。たしかそのとき、学校のつごうで金・土と休みになったので、それならば日曜にかけて三日間、どこか山家の方へ行ってこよう。この数日むやみに忙しかったから、ひとつ温泉にでも入ってこよう。しかし、あまり遠くへは行けない。東でならば東伯郡あたりが限度だが、三朝はさわがしい。そうだ、ここがいい、とそのくらいの気持ちで関金を選んだのである。

それで六日の午後、関金に着いたのだが、陽《ひ》はまだ高い。そこで一風呂《ふろ》浴びて、またふらっと出かけた。あたりはいかにもひなびた、心洗われるたたずまいである。足が自然に山の方へ向いていった。すると、とある一軒の農家で、お婆さんが一人縁側でつくろいものか何かをしている。それでふっと近づいてみると、まことに気やすく応対してくれるので、ついそこへ腰を掛け、とうとう昔の話を聞くことになった。

といっても、最初からそう筋立った話を聞くつもりはなかったが、だんだん聞いていくうちに、話は自然また神信仰や年中行事のことになっていったのである。と、そのとき妙な話が出てきた。

この地方では正月の元日、朝、主人が山入りをしてカシ・クリ・フクラシの三種の木の枝を切って帰る。するとそれを待ち受けていた主婦がすぐその枝を納戸の隅に飾り、そしてほうきを取って外から内へはきこむ所作《しょさ》をする。それを納戸に向けてする、というのである。

元日には福を取り逃がすといけないからといって、ほうきを使うことを禁ずる風は方々にあるが、これはまた反対に、進んで福をはきこむというわけである。しかし、それにしてもその所作をなぜ特に納戸に向かってするのか。聞いてみると、それは、納戸にはトシトコさんがおられるからだという。

この地方では、どの家でも納戸に年中棚を設けている。そして、正月になると年飾りをオモテのトコの方ではなく、ここへする。下に俵を二俵並べ、その上に種もみ俵を立て、餅《もち》やお膳《ぜん》を供える。その

正月、トシトコさんを納戸に祭る（伯耆三朝の奥）
＝薮中洋志氏提供

お飾りはもちろん正月がすめばとりかたづけるが、棚はそのままにしておいて、春三月の種まき、五月の田植え、十月の亥《い》の子といった日になると、そこへやはりお供えをする。

それはそこに常時神がおられると考えるからなのか、それともその場所を通しておがむということなのか、どうもそこのところがいま一つはっきりしないが、どちらにもせよこれは、納戸という寝部屋を祭場として神まつりをするということである。

後になり、この習俗は出雲でも島根半島の東端や大根島・江島などにはあることがわかったが、このときには全く聞いたことのない風習であった。

それで、これはもう一度よく準備をした上で来なければなるまいと思い、あとに心を残しつつも、一応ひきさがることにした。

縫い初めのこと

昭和十八年というころの私の研究テーマはタタラであった。だから、関金で泊まったときにもあくる日にはすぐひき返し、米子から伯備線で日野郡に入り、日野上村（現日南町）あたりを歩いて帰った。しかし、せっかく納戸神という問題につき当たったのだからと、行く先々で必ずこのことについても聞くことを忘れなかった。

やがて、夏休みになったので八月の四日、今度は十分に準備をして出かけた。まっすぐに矢送村へ行き、「西田専蔵」と標札にあったその家を訪ね、お婆さんに再会した。幸いそのときにはほかの人もおられたので、前回以上にくわしく聞くことができた。そしてまた、むりをいって納戸の奥の神棚をおがませてもらうこともできた。

上井《あげい》（現倉吉駅）へ出て東へ向かい、鳥取で乗り替えて八頭郡に入り、智頭の奥を歩いて山陽へ越し、東へ回って播磨徳久からあの金屋子神降臨最初の地とされている千種村に上がった。そして、降りてきて西へ向かい、津山で降りて上斎原に上がり、奥津で泊まってまた西へ向かい、備中神代と備後落合とでちょっと降り、木次線で横田を経て帰った。

そうした結果わかったことは、このトシトコさんを納戸にまつるということは、けっして関金の奥あたりだけのことではなく、およそ中国山地の東半一帯にわたって見られる風習だということであった。そしてまたこれらの地方では、トシトコさんをただ正月にだけまつるのではなく、その後も何度となくまつるのだが、それはしかし、三月の苗田とか、五月の田植えとか、あるいは十月の亥《い》の子とかいう日であって、要するに田の神の活動の格別盛んならんことを願う日に限られる、ということであった。だから、そこから考えると、この納戸の神は、これをトシトコさんとはいうけれども、普通いう歳神とは違うのではないかと思われてくる。

いうまでもなく、正月は歳神という、人にトシを与えて下さる神を迎える祭りだからめでたい、すなわち愛《め》ずるべき日なのである。そのトシ神ははるかなる神の国から訪れて来られる。どのようにして来られるのかはわからないが、地方によっては高い山から降って来られるもののようにいっている。だから西出雲のあたりでも、昔は正月が近づくと子供らが「正月さん、正月さん、どこからお出でた、三瓶の山から」とうたった。そしてその正月がすみ、十五日になってトンドがあると、神はその煙に乗って帰られるもののように思っていた。

ところが、そのトシトコさんが、ここでは通常の場合と違い、その後もなお農事にかかわりの深い日にはたびたび饗《あえ》を受けられるとなると、この神は歳神というよりむしろ田の神ではないか、と思われてくるのである。

そう思ってここに正月の行事をもう一度よく見直してみると、そこに田、農耕、稲といった要素の非常に多いことに気づくのである。そもそも正月飾りには米が多い。下に俵を積み、また祭壇の上に年《とし》桶《おけ》といって、高さ三十㌢ないし五十㌢くらいの桶に米を入れ、それをあたかも御神体のようにして置く風もある。

さらにまた、縫《ぬ》い初めという風もある。やはり右の納戸神地帯に顕著なことだが、正月二日のいわゆる事始めの日に、女性が布や紙で袋をつくり、それも必ず縫ってつくり、その中に米を入れてトシトコさんに供える。そしてその米は、正月がすんでもそのままにしておいて、三月の苗田の日に出して炊いて神に供えるという。

何のためにそんなことをするのかというと、今ではただ裁縫の手が上がるように祈るとしかいわないが、ただそれだけのためならば、何も米を縫いこめることはあるまい。

というところから、これは結局米というものを田の神の神実《かみざね》に見たて、それを三月苗田までのしばらくのあいだ袋にとじこめ、つまりこもらせることによって、そこに内在するエネルギーの充実をはかるというのが、そのねらいではなかったかと思われてきたのである。

そこで、そういう立場からこの伝承をまとめ、「納戸の神」と題して学会の機関誌『民間伝承』九巻五号に送った。

年桶と大歳の客

縫い初めのことについて聞き出すのと同時に聞き出した「年桶」というものについても、考えてみなければならない問題があるように思われた。

さきにも触れたように、このあたりには歳神の祭壇の正面に、年桶といって、米を桶に入れて安置する慣行がある。所によっては祭壇の上ではなく、下の方に、あたかも添えもののようにして置くこともあるが、それでもやっぱり正月には桶を出して置くものだとしている。

ではなぜ桶を使うのかと聞いてみても、その理由はだれもがもうわからないという。書いたものとしては昭和十四年に出された『歳時習俗語彙』があったが、これにもその理由は記されていなかった。

そこで、想像ではあったが、これもやはり稲魂を一時こもらせる手段として始まったことではないか、というふうに考えた。魂を発動させるためには一時狭いものにこもらせておかねばならない。こもらせておくあいだにその幼魂がだんだん成長する。古来そういう信仰があったからこそあの天孫降臨の神話にも、皇孫の幼魂が真床覆衾《まどこふすま》にくるまって降りられたというくだりが挟まっているのだし、またあのかぐや姫や桃太郎の話のように、幼いものが閉ざされたものの中から生まれるという発想もそこから生じたのである。そういうことを、つとに折口先生の講義や論文の中から汲《く》みとっていたからの想像であった。

右は神床、正月の年神さんはこれと祭壇を別にして祭る。衣装櫃の上にむしろを敷き、上に膳。その前、三方の右にあるのが年桶。もちはこの中に入れる（平田市坂浦、昭和35年）

ところが、そういう考えを持ちつつ播州千種村へ行ったところ、ここで意外、というより奇怪ともいうべき話を聞いた。ここらあたりでは年桶の正面に必ず「前」という字を書くことにしている。それはこの年桶なるものが葬式の棺桶を模して始まったものだからだというのである。これはしたり、正月早々なんでそんな縁起でもないことをするのかと聞いてみると、村人はまじめにそのよってきたるところを語ってくれた。

それはむかし大晦日《みそか》の夜のことであった。さる大家へ棺桶を担ぎこんだものがあって、一夜の宿を乞《こ》うたという。とんでもないことだといってことわったが、あまりしつこく頼むので、とうとう根負けして納戸に入れて泊めてやった。ところが一夜明けて元旦、おそるおそる納戸の戸を開けてみると、人はおらず、そこにはただ棺桶が置かれているだけであった。ふしぎに思って蓋《ふた》をとってみると、中には死体と思いきや大判小判がいっぱい詰まっていた。それでその家は長者になった。そのため今でも正月になると、この故事によって年桶を棺桶の形にしてすえるのだというのである。

昔話について関心のある人ならばご存じであろう。これは「大歳の客」といわれる昔話のモチーフである。それがここでは単に話としてではなく、実際の行事として伝承されているのであった。

そこで、こういう伝承を知ってみると、今までは正月の神を田の神にばかり結びつけて考えていたけれども、それとともに祖霊との関連も考えねばならないのではないかと思われてくる。たしかに古くは『枕草子』、中ごろでは『徒然草』、下っては江戸時代の『屠龍工随筆』などにも、祖霊は盆のみならず大晦日の夜にも立ち帰って来られるとあった。そして今もミタマノメシといって大晦日の晩にはにぎり飯をつくって仏檀に供える所が点々とあるし、また薩南のトカラ列島などでは、歳神祭と少しずらせてはいるが、この季節に祖霊を迎えまつる伝統を守っている。

だからこの播州千種での伝承も、そうした遠い昔の思考の破片ないし変形かとも思われてくるが、そうなるとしかし、主題である納戸神ということから離れてくるので、その考究はまた改めてすることにして、今は一応年桶を年桶だけの問題としてまとめておこうと、「年桶考」と題して『民間伝承』九巻八号に送った。

やがて刷り上がった雑誌が送ってきたが、それに添えられた編集担当の橋浦泰雄氏の手紙に「おもしろいが、やはりまだ国学院流が抜けませんね」とあった。つまり柳田先生の徹底した実証主義に従うのでなく、実感と直感を重んじられる折口先生の推理の姿勢にしばられたままだというわけであった。

隠岐島の米びつ

戦争が終わり、学者・研究者の活動もふたたび活発になった。ことに民俗学の場合は旧に倍して盛んになり、昭和二十三年には民俗学研究所ができた。そして私もその研究員の末席に連なることになったことはさきにも触れた。

そのためむりをしてでも出歩かねばならないことになったが、その一環として二十八年の八月には隠岐島に渡った。

隠岐島も今ならば簡単に行けるが、あのころにはまだ五〇〇㌧くらいの船で、境港から島前を経て西郷へ行くのに九時間はかかった。だから波が高いとたいへんである。そのときにもかなりゆれた。

西郷へ夕方着き、そのころ隠岐高校の先生をしていた小脇清君に迎えられ、とりあえず彼の下宿に落ち着いた。そして翌日から小脇君の案内で今津・原田・大久と廻《まわ》り、大久ではそのころ高校の教頭をしていられた（のち校長）佐々木嘉竹氏のお世話になった。

三日目かに島前に向かったが、その船中で焼火神社の松浦康麿氏に会った。氏は別府で降り、われわれは菱で降り、知々井で泊まって話を聞いて知夫へ渡り、仁夫の横山弥四郎氏のお宅へ伺った。するとそこへ松浦氏がやって来られた。やがて小脇君は帰り、私は松浦氏に誘われて西ノ島に渡り、焼火神社の山上籠《こもり》所まで上がった。当時山上には電気がなく、また仁夫でさえ八時ごろになるとあとはもうランプという状態であった。

そういう具合であったが、同行者が良かったのと、また行った先々がみなこの道の理解者であったお陰で、短時日にしては、また初めての所であったにしては収穫が多かった。

ただし、そのころにはまだ十分な民俗誌ができていなかったので、聞くとなると一応全貌《ぜんぼう》から聞いていかねばならない。その上で重点に入るのだが、その重点の一つとしてこの納戸神のことにも触れたことはいうまでもない。

そうした結果わかったことは、隠岐では島後でも島前でも、納戸にトシトコさんをまつることが伯耆以上に徹底しているということであった。

どこの家でもオモテには高神さん、台所にはエビスさん、クドにはオカマさんをまつり、それとともに納戸、これを隠岐ではヘヤ、なまってヒヤというが、このヒヤにはトシトコさんをまつっている。そして正月にはそこへ一番大きなしめ飾りをし、また特に島前では十月の亥の子の日になるとそこへ紅葉の枝を立てるということも聞いた。

さらにここにはいわゆる出入りの伝承が少なくなかった。つまりトシトコさんは十月亥の子になると田から帰って来られ、正月十一日の鍬《くわ》初めによって田へ出て行かれるという伝承である。これが戦前に伯耆を歩いた時点ではまだはっきりつかめなかったが、この隠岐島の調査では大抵聞かれ、そしてこういう伝承があることによって、毎年十月の亥の子の日には一家の主人が田んぼへ出て田の神さまを迎えて帰る所作をするという所もあることがわかった。

またそのヒヤにおけるまつり様についてもいろいろの形があることがわかったが、その中で注目させられたのは、これをまつるのに特に棚を設けることまではせず、そのころにはヒヤに米びつを置く風が多かったが、その米びつを神座とし、そこへお神酒を供えたりご飯を供えたりしておがむ風が少なくないということであった。

こうなるとその米びつの米そのものがまさしく、この神の神実だということになり、さきに伯耆のくだりでいった縫い初めや年桶のこととも合わせてこの神の性格が一段とはっきりするように思われてくるのである。

それでその年の秋、研究所で理事の大藤時彦氏から勧められたこともあって、この納戸神の問題をもう一度やってみることにした。

そのころになると十年前に比べてこのことに関する報告も多くなっていた。特に西谷勝也氏の播磨・美作、森正史氏の伊予、井之口章次氏の豊前・肥前の島々に関する報告が有益であった。

田の神の寝床

田の神に関する報告の中で、そのころ最もみんなの関心を呼んでいたのが能登のアエノコトのことであった。

アエとは饗《あえ》、つまり饗応《きょうおう》、コトはコトの日のコトで、簡単にいえば祭りということである。それを能登の、特に鳳至郡地方では田の神に対して行うので、その実情がわかるにつれ、そのころの民俗学界での重要な話題の一つとなっていたのである。

そのやり方は家によって多少違うらしいが、つまるところ、田の神の迎送を一家の主人が威儀を正して、はた目にはいささか芝居がかったやり方ともいえる方式で行うというものである。

その慣行は今でも続いていて、たった一昨年（平成七年）にもＮＨＫの日曜日の「ふるさとの伝承」で放映されたから、見られた方も少なくなかろうと思う。

すでにのべたように、一年の司役を果たした田の神を秋になれば家の中に迎え入れ、正月がすめばまた田へ送り出すという伝承は、その後の調査でかなり広くゆきわたっていることがわかった。しかし、その迎送のとき主人が自ら身ぶりをもってこれをつとめるという所はきわめて少ない。その意味でこれが注目されたのである。

しかし、問題はその田の神を迎え入れる場所である。これが後になって、平成になってからであったが、金沢の今村充夫氏から、家によっては納戸に誘い入れるところもあるという話を聞いて、やっぱり

出雲大社古伝新嘗祭のお釜の神事（昭和51年）

そうかと思ったのだが、この昭和二十七、八年のころにはいくらさがしてもただ家の中という事例しか出てこなかった。それで、いささか隔靴掻痒《かっかそうよう》の思いをしたものである。

だが、とにかくそういう時期だったので、このころには、この田の神迎送につながるような発表が相次いだ。その一つとして昭和二十七年、大阪で開かれた第四回日本民俗学会年会のとき、山形県の丹野正氏が「厄神の宿」と題する発表をされた。

これは、名は「厄神」であってもその実質は良い神であるらしく、それを出羽の山寺の周辺では、大晦日の晩にやはり一家の主人が威儀を正して外へ出ておつれして帰り、そしてごちそうをして寝床に休んでもらう。そしてここでは元日の未明早々に送り出すというのである。

そういう事例を丹野氏は詳しく説明された。するとそのとき、かねて民俗学会に入っていて、その日も出席して最前列におられた三笠宮（崇仁親王）がすっくと立って、その寝床というところを根掘り葉掘り聞かれた。そのころにはまだ宮様と言葉を交わすというようなことは多くなかったので、丹野氏もいささか緊張気味であるやに見受けられた。

ところが、その三笠宮がその年の十一月二十三日、古伝新嘗祭《しんじょうさい》見学のため出雲大社へ来られることになった。ははあ宮様は、にひなめ研究会のキャップにおなりになったので、ご自身でも各地の実情調査にお出かけになるのか、と思っていると、その前日の二十二日の夜、ふいに山根雅郎氏が特使になってやってきて、宮様が話を聞きたいとおっしゃるから、明晩大社へ来るようにというのである。

これはしたり、そんなことになろうとは思いもよらなかった。お名指しとあれば伺わねばならないが、さて、何をおたずねになるのやら。新嘗祭そのもののことならば大社にも人は多いことだし、と思い、あれこれ思案の末、新嘗祭までのところで大事ないわゆるお忌さんのことについて申し上げようと、それを準備して出かけた。

祭儀が始まる一時間半ほど前、お宿舎の貴賓館に伺い、ごあいさつ申し上げると、さっそく「いろいろ研究しておられるそうで」というような言い方で説明をうながしなさる。それで腹案によりお忌の伝承について申し上げた。それを宮様は一々メモをとって聞いてくださった。

ところが、そういう話が一通りすんだところで急に「何か性的な話はありませんか」とおっしゃる。とっさのことで、何といってよいか分からず、結局うやむやのうちにすませてしまったが、あとから考えて、ああそうか、例の寝床のことを考えていらっしゃるのか、あれが大嘗祭のマドコフスマにつながるので捜していらっしゃる。それならば、それこそ、納戸神のことを申し上げればよかったのに、と思ったことである。

なお余談ながら、私はこのあと十五年ほどたったころ、皇太子・同妃両殿下（現天皇・皇后）にもご説明申し上げたことがあるが、そのときより、この三笠宮のときの方がよけい緊張したように思う。そういう思い出もある。

稲の産屋

さて、納戸神について追求していくうち、初めはとにかくその祭場が納戸であるということから、神をなぜ納戸という、いわば不浄な場所にまつるのかというところにのみ焦点を当てていた。しかしやがて、ここにその出入りないし、迎送の伝承があることがわかってくると、そのことの前にまずもってこの神の正体をはっきりさせねばならないことになってくる。

ところで、この田の神去来の伝承ということは、実はこの少し前くらいの時期から民俗学界でかなり把握され、むしろ常識になりつつあった。けれども、それは納戸神の場合と違い、もっぱら田と山とを往来するというもので、田の神が寒い半年の間は山にこもり、春になると田へ降りて来て田の守り神になられる。そして秋、収穫を終えるとまた山へ帰って行かれるというものである。そういう伝承があちらからもこちらからも報告され、もうこの昭和二十年代も終わりごろになるとわれわれのあいだでは常識になっていた。

ところが、ここに納戸神の去来として取り上げるものはこれと違い、去来は去来でも、もっぱら田と家との去来である。そこで、これと一般的にいわれている田と山との伝承とはどうつながるか、あるいはつながらないのか。つながらないとすれば、同じように田の神という言葉で呼んではいても、あれとこれとは神の系統が違うのではないかと思われてくる。

そこで私としては結局、この冬になれば家の中に誘い入れ、正月行事をすませるとふたたび送り出す方の田の神は、田の神とはいっても実は稲そのものの霊であり、これに対して、稲が田にある期間だけ田にいてあとは山にこもるという方の田の神は、来り臨んで稲の生育をはぐくむ威霊ともいうべきものであって、要するにいまの農村社会でいっている田の神には二系があるというふうに考えた。

これにはたまたまそのころ上梓《じょうし》された、にひなめ研究会の編になる『新嘗の研究』に収められた柳田國男先生の「稲の産屋」と題する論文が大きなヒントになった。この中で先生は、フレーザーの『金枝篇』や宇野円空氏の『マライシアの稲米儀礼』などにも触れられ、また数十年以前折口信夫先生がいち早く「新嘗」はニフのイミだと直感されたことなどをも取り上げて、わが国における穀霊信仰の実在についてる説かれた。

その内容は複雑であって、とてもここで一々紹介することはできないが、要するにわが日本においても、遠い昔には、近代になお東南アジアなどには残っていた、穀物には魂があるという信仰が顕著であったこと、しかしその魂は一年の司役を果たせば老朽化するので、次の年の活動を期待するためにはこれを忌みこもらせて再生させねばならない。そのためには産屋にこもらせねばならないが、それが稲積みであり、それを覆う必要から発達したのが倉であるということになろうかと思う。

この論を展開するため、先生は稲積みの方言に注目された。その結果、稲積みを意味するニホ・ニフ・ニューという方言が、近畿や中国山地のあちこちでは出産にかかわる語としても使われていること、また南島の八重山では稲積みのことをシラというが、これが彼の地では同時に人間の産屋を意味する語としても使われ、妊婦をシラピトゥ、産婦をワカジラアーということなどを引き出してあげられた。

こうして、つとに大正の初め、折口先生によって稲積みというものが単なる実用上のものではなく、古くは一年の役目を果たした田の神を祭り上げる、いわば祭壇の役目を持つものであったろうという見解が示されていたが、柳田先生はこれをさらに進め、一年の役目を果たした稲霊はこれをまず再生させねばならない。稲積みはそのための産屋であったという見解を示されたわけである。

いずれにしても、このように、柳田先生によってわが国にも古くは稲霊という観念があったこと、しかもそれを産屋において再生させるという信仰があったことが明らかにされたのだが、この論文によって、私はいわゆる目からうろこが落ちる状態となった。つまり納戸神はまさしく穀霊であり、納戸こそその再生の産屋であったと考えたわけである。

穀霊研究の進展

『日本民俗学』に「納戸神をめぐる問題」を出したのは、昭和二十九年であった。

率直なところ、あの拙文はかなり注目を浴びた。しかし、また批判もあった。批判の急先鋒《せんぽう》は郷田（坪井）洋文君であった。田の神に二系があるなどという考えは認められない。家の中へ誘い入れるようでも、あれは饗《あえ》をするためであって、すめばやはり山へ送り上げるのだ、そのことがはっきりしないのは脱落にすぎないというのである。

しかし、また肯定意見も出てきた。意外であったのは、神話学の松村武雄博士が認めてくださったことであった。そのほか文化人類学の伊藤幹治氏も、きわめてまわりくどい言い方ではあったが、結局は肯定するかの見解を出してくれた。その他まだいろいろあったが、最近では白石昭臣氏らもおおむね肯定してくれている（と思う）。

私としては郷田説が出ても、まいったというわけにはいかなかった。尋ねれば尋ねるほど、自説を補強する資料ばかり出てくる。それで、あれは昭和四十年代の初めごろであったが、郷田君がやってきたので、もう一度話題に出してみると、彼はやはり自分の方が正しいという。けれども、心なしか彼もそのころを境として、だんだんそうはいわなくなってきた。それでいつかはもう一度と思っているうち、惜しいかな彼は逝ってしまった。最も張り合いのある、期待すべき同志だったのに、何とも残念に堪えないことであった。

いま平成九年、納戸神の残留検出の範囲はずいぶん広まっている。中国地方の東半一帯のみならず、西日本では周防・肥前・薩摩・大隅・讃岐・紀伊・能登の所々、東日本では相模・上総・常陸・上野・羽前・陸中などにもこれを見ることができる。

ただし、その呼称および祭祀《さいし》の形態はさまざまであって、概していうと山陰および美作あたりではトシトコさん、あるいは亥の子さん。備後・備中・備前・讃岐あたりではエビスさん（納戸エビス）、東国では主としてウカノカミ、南九州では子供の神となっている。

まつり方もさまざまであって、常時、棚を設けておがむというところもあれば、単に正月にだけ、そこへしめ飾りをするというところもある。そうした点から見れば、今なお隠岐に残る形が一番古いといえるようである。

なおその間、地方によっては納戸でなく倉にまつるという所があるが、考えようによってはこれが一

納戸のトシトコさんの
正月飾り（隠岐中村）
＝若林久氏提供

八丈島の高倉（平成元年）

人吉盆地のわらニホ
（昭和31年）

石垣島のシラの復元（八重山
民俗園、平成２年）

番古い。

そもそもこの信仰は刈りとった稲を一応そのまま積んでおく稲積み、八重山でいうシラをよりどころとして始まり、それが脱穀技術の発達によって稲積みがわら積みになり、一方、保存施設が発達して稲がこいが倉になったことから倉に移り、さらに建築技術の発達と生活水準の向上によって、どの家にも納戸という寝る専用の部屋ができたことによって、ついに納戸を主体とするようになったものと考えられるのだから、その間、主として倉にまつるという伝承が残っているとすると、これはその変遷の中間の形を示すものということになってくる。

むろんこれは推察である。しかし、よしこれが当たっていなかったとしても、穀霊の祭場といえば倉だという考えの時代があったことだけはまちがいない。周知のように稲魂を神格化した名称をウカノミタマノカミというが、これを『日本書紀』では「倉稲魂神《うかのみたまのかみ》」と書いている。これは明らかに右の時代があったことを物語るものにほかならない。

柳田先生の穀霊研究の論文は、さきにいった昭和二十八年の「稲の産屋」であったが、実はそのあともう一度書いていられたことをわれわれはそのご逝去後に知った。それは「倉稲魂考《うかのみたまこう》」と題するもので、未完のまま遺稿となっていたのを、昭和三十九年十一月発行の『定本柳田國男集』の第三十一巻に収められ、それでみんなが初めて知ったのである。

その中で先生は「五、納戸に祀る神」という一章を設けていられたが、これが先生が納戸神という言葉を使用して書かれた最初であった。残念なことにそのご思考の詳細を承ることはできなかった。

柿木村の萬歳楽

『民間伝承』に「納戸神」を書いたのは昭和十八年、『日本民俗学』に「納戸神をめぐる問題」を書いたのは、昭和二十九年であった。率直にいって、昭和十八年ごろにはもちろん、二十九年ごろになっても、まだ穀霊信仰の研究などということは進んでいなかった。

イギリスでは、これがフレーザーによって百年も前から問題にされ出していたが、日本では、宇野円空氏によるマライシアについての研究は別として、日本国内における民俗をもってする研究は、あの昭和二十八年の柳田先生の「稲の産屋」をもってようやく始まったという状態であった。

ところが、その後沖縄の復帰が実現し、彼我の往来が容易になったため、まず南方の事情が明らかになった。現地ないし現地に近い地方の研究者の活動が活発になり、大山麟五郎、山下欣一、小野重朗氏らの報告が出だし、さらに谷川健一氏により柳田批判をもこめた論考が発表され出した。

そういう風潮に伴って、私のさきの論文も何度か紹介されたり、引き合いに出されたりし出したが、こうなると私としてもいつまでも昭和二十年代の、当時としては斬新《ざんしん》であっても、今となってはかびが生えてしまったようなものを、そのままにしておくわけにはいかなくなる。

しかし、とかくするうち、こちらもそれなりに年をとって、もう改めてこれをやり直す元気がなくなってきた。ことに、これからとなると、もう日本国内の資料だけでなく、進んで南方の米作地帯、すなわちフィリピン、インドネシア、ベトナム、カンボジア、タイなどとの比較が必要になってくるが、そうなるといよいよ私の手には負えなくなってしまう。

ただ、昭和三十年代以降でも書いたものが少しはある。昭和四十九年の暮れであったが、山陰中央新報社の編集記者が来て、「ふるさとの正月」という見出しで続きものを書いてくれという。ちょうど母校へ論文を出して、ほうとしていたときだったので、続けて九回書いた。その内容が納戸神であった。

その後、昭和五十七年に母校の『日本民俗研究大系』第二巻に「民間の神」という題で書け、ということがあったので、この納戸神と荒神とをとり上げて書いた。もう一度五十八年に伏見稲荷大社の『朱』から求められて「納戸神と倉稲魂神」を書いた。

そうしたものは書いたが、これらはいずれも以前の思考そのままのもので、新しい構想によるものではなかった。

ところが、思わぬことに、この穀霊に関する知見が実際の仕事に役立つことがあった。平成元年十二月、島根県教育委員会から文化財保護審議委員として柿木村の萬歳楽《まんざいらく》を見てくれということがあった。それで同じ委員の勝部正郊氏と、担当主事の若槻真治氏との三人で出かけた。

率直なところ、この依頼を受けたとき、あまり気乗りがしなかった。というのも、萬歳楽というのはたしかに神事ではあるが、どうも近ごろではあの大飯食いのところだけが強調され、書きものなどにもあそこのところだけが紹介されている。もし現地でもそんなムードだとすると、文化財として指定する筋が立つかいなという気がしたからである。

ところが、行ってみると、たしかに行事のヤマは喫飯の強要にあり、そのパフォーマンスがあるからこそ、この行事は今日なお続いているといえるのだが、よく見ると、その陰にかくれて頭屋《とうや》持ち廻りの小宮の中から神実《かみざね》としての米をとり出して入れ替えるというくだりがある。もちろんそれは白米になっているが、もとはやはり種もみであったに違いない。

とすれば、これはこの近年、岡山県などから盛んに報告されている頭屋祭における種もみ授受の伝承、またそれよりもはっきりしている対馬豆酘《つつ》の頭屋制における伝承とも同根の、要するに稲魂の継承、そして新頭屋によるその再生を骨子とするものであると考えられ、それで合格となった。

なお、ついでにいっておくと、あの喫飯の強要は修験《しゅげん》儀礼における強飯《ごうはん》の変形、そして萬歳楽という語はその修験道の山入り修法《しゅぼう》の後における法楽《ほうらく》に起因するものと考えられた。

由来八幡宮の頭屋祭

穀霊信仰に関する知見が実際に役立ったことがもう一度あった。

平成七年、また県教育委員会から言われ、頓原の由来《ゆき》八幡宮の頭屋行事を見てくれ、とのことである。由来八幡宮となると、宮司は旧知の間柄なので、行ってみて結果が良かったとなればまことにおめでたいが、もし、はてな、とでもいうようになったならばたいへん困る。はてさてと思っているうち、さっそく宮司の方から史料が送られてきた。

送られてきたからには拝見しないわけにはいかない。それは享保三（一七一八）年と天明二（一七八二）年との頭屋帳であったが、拝見するとそこに「名《みょう》」という言葉が記されている。これは、と思って見てゆくと、この時代、その名は当然もう中世のものではなくなっているわけだが、それにしてもこのように名という語が残っているとすると、これはかなり古い。少なくとも出雲国内では稀有《けう》のこととなるので、一応半分くらいは安心して、やはり勝部氏とともに出かけた。

そこでいよいよ神事となったが、その最初は「しめ起し」であった。田んぼの中に一間四方くらいの祭場を設け、その正面に案《あん》を置いて小宮を安置し、それに向かって降神、つまり神迎えの神事をする。そしてその小宮を頭屋へ持って入って祭壇に置く。以後頭屋は八幡宮の大祭まで日夜その小宮に仕えるという姿勢をとる。

いよいよ大祭当日になると、定刻、八幡宮から大神輿《みこし》が出る。これがお旅所へ向かうところを見はからって頭屋からもまた別の神輿を出す。そのとき頭屋の主人は先日来奉仕してきている小宮を捧持してその神輿の先に立つ。

由来八幡宮姫ノ飯神事の巫女の所作
（平成７年）

お旅所祭が終わり、行列がともに八幡宮に帰りつくと、そこで有名な姫ノ飯《ひめのえ》神事が行われる。祢宜《ねぎ》が巫女《みこ》の姿に扮装《ふんそう》し、こしきで、初めに米をふかし、次いで餅をつき、それを大神にささげる所作をする。次いで担い棒に稲束を掛けて舞う。

こうして姫ノ飯神事がすむと、その翌日の午前中は例祭式、午後は頭渡し、夜は神楽とあって万事を終わるのである。

一応まとまってはいるが、あまりにもいろいろとあるので、その間の筋が通りにくくなっている。一番問題なのは、当初田んぼにおいて迎える神が何さまか、ということである。これがどうもはっきりしない。ときにはやはり本社の大神様を迎えるのだという説もあるという。しかし、それだとなぜ神幸が本社と頭屋と両方から出るのか、その間の説明ができなくなる。

というところから、ふっと考えて、この田んぼで迎える神は本社の大神ではなく、今では伝承があいまいになっているが、実は田の神、というより穀霊ではあるまいか、と思うに至った。

そう思って見ていくと、これがすらすら解けるのである。つまり頭屋はもともと田の神のための頭屋であって、それが一年の役目を終えた稲魂を迎え入れ、これを再生させるというのがこの神事の骨子であった。それが地区共同の大神たる八幡宮の神威の高揚によって、その祭礼行事と合体したためにわからなくなってきたのであり、その根底にあるものは、はるかなる古代からの穀霊信仰にほかならないと考えられたのである。

そう考えると、一方の姫ノ飯神事において、それを巫女に扮した祢宜がつとめるのは、これがもともと巫女のつとめであったことのなごりであり、つまり女人司祭の伝統を残すものであって、その巫女がこしきで飯をかしぎ、餅をついて大神に供えるのはいうまでもなく新嘗の儀礼であるが、その際、担い棒に稲束を掛けて舞う所作があるのは、古くは熊野曼荼羅《まんだら》に描かれ、今も出雲大社の古伝新嘗祭のお釜《かま》の神事には見られるところの田の神出現の（七三ジペー写真）姿である。ということになって、万事めでたく納まるわけであった。

四　つき物と取り組む

「狐飛脚の話」から

第四話はつき物である。狐《きつね》がつく、犬神がつくというあの話である。もちろん今日ではもう、あのようなことはほとんどいわないであろう。あるいはもうそんなことは知らないという人も若い層にはことに多い。しかしあの敗戦の昭和二十年からしばらくの間は、まだあの問題で頭を悩ます人が少なくなかったのである。

もちろん、そのころとて狐や犬神がつくなどということを本気で信じる人はもうなかったはずである。ところが、それにもかかわらず、あの家は筋がいいとか悪いとか、悪い家と一緒になるとこちらも悪くなる、とかいうようなことにこだわる人が少なくなかった。しかもあの戦争直後ごろには、一時ではあったが、その声が以前にも増して大きくなっていたのである。

これには敗戦による混乱、前途に対する不安、自由だというのでする放言の横行、そしてまた戦争が終わったことによる結婚の急増など、いろいろの要因が重なったからであったが、とにかくせっかく近代に入って徐々に忘れられつつあったこのことが、あのころ急に息を吹き返したかの感があった。そして実際にそれによる痛ましい事件まで起こったのである。

そのころのある日、たしか昭和二十二年の夏であったが、もと上司であったさる仁がこられて、なんとこの地方には家筋がいいとか悪いとかいうことがある。自分は関西の出なのでちっとも知らなかったが、このあいだ教え子の縁談をとり持って、だいぶいいところへいったところ、急に一方からことわられてしまった。それがすなわちこの〝筋〟のためだというのだが、いったいあれは何のことか。なぜこの地方にはあんなことがあるのか。君は民俗学をやっているというが、あんなことをこそ民俗学で解明してくれなければならないのではないか、といわれたのである。

なるほど、その通りである。しかし、人間あまりにも身近なこととなると、これを突き放して客観的に考えてみようという気が起こらないもので、いままでついぞこれを研究上のテーマにしようという気は起こらなかった。たしかにこれは迂闊《うかつ》であった。民俗学が単に旧習をほじくり出すだけのものではなく、実は現在の身のまわりの諸問題を説き明かすところにこそその目標があるとする以上、こういうことをこそとり上げるべきであった、とそのとき改めて痛感させられたのである。

そこで、さっそく今までの先達のあいだでこのことがどのように扱われているかをふり返ってみた。しかしまだあの戦争直後ごろには研究物が少なく、ことに手持ちのものとなるとたった一冊、柳田國男先生の『狐猿随筆』の中の「狐飛脚の話」が、この問題にかかわるものとしてあるだけであった。

その後、東京へ出て調べてみても、この二十二、二十三年というころには、このことについての論文・解説となると、先生がこれより先に書かれた『おとら狐の話』や、それよりもう少し前に書かれた『郷土研究』連載の「巫女考《みこ》」の中の二、三篇、それに喜田貞吉博士が自ら主宰される『民族と歴史』の第八巻第一号を憑物《つき》研究号とし、その巻頭に書かれた一文、およびそれに続いて書かれた倉光清六氏の「憑物鄙話二十六章」と題するものがある程度にすぎなかった。しかもそのうち柳田先生のものは結局、さきの「狐飛脚の話」と同じ趣旨のものであり、また喜田・倉光両氏のものは、文献の探索にたいへん努力されたものではあったが、率直にいって、方法的にわれわれとは違う畑のものであったから、私があの時点でとりあえず「狐飛脚の話」ととり組んだのは結果として適切だったわけである。

この本は昭和十四年十二月の発行で、求めたのはその直後の十五年正月であったから、すでに一度は読んでいることになる。しかし、問題を考えていない時に読んだものは頭に入らないもので、一字一句がそのとき初めて見るようなことばかりであった。

それを鉛筆でチェックし、黒でした上から赤でし、さらに青でするというようにしているので、いまとり出してみるとずいぶんきたなくなっているのである。

学習発表と放送

柳田先生の「狐飛脚の話」を読んだ。しかしあの本は狐という動物をつき物という立場から論じられたものではなかった。いうならば、そういう思想が生まれる以前の狐と人間との関係、狐という動物が原始素朴な人間にとってどういう存在であったかというところをさかのぼっていかれたものである。

狐は後になるともっぱら人についたり、化かしたりする油断のならないものと思われるようになるが、古くは必ずしもそうではなかった。むしろ人間の持ち得ぬ霊力を備えるものとして畏怖《いふ》され、時にはたよりにもされていた。狐鳴きが良いとか悪いとか、狐が鳴いて村の変事を知らせたとかいう話が方々にあったし、そのため所によってはその霊を招いて村の大事を予言してもらうというようなことを行事としてする所さえあった。だから狐がつくということは、それが悪用されないかぎり、昔の人には必ずしもいやなことではなかったのである。

寒施行に稲荷神を招く（尾道市、昭和60年）

けれども、時がたてば思考が変わる。人間の知性が進んでくると、動物の霊力にすがるなどということは低劣なこととなってくる。にもかかわらず、いつまでもこれを守り、のみならず進んでこれを自己のなりわいに利用しようとするようなものが現れると、これは忌憚《きたん》される。

そういう変化の筋を、先生は多くの民間伝承・文献資料の中から事例を抽出して構成されたのである。そこでこれを読み、その跡を追って行こうとする者としては、そこに引用されている事例の一つ一つを、自分でも一応原典に当たってみなければならないが、残念なことに民間伝承の方はそのころまだこれを記録したものがいたって少なかった。ことに手元にはなかった。

しかし、文献の方は幸い、すでに「日本随筆大成」を第一期・第二期分ともそろえていたので、これに当たってみた。すると狐・犬神・蠱《こ》といったことについても存外古くからとり上げられていることがわかった。ことに天保四（一八三三）年の茅原定の『茅窻漫録《ほうそう》』、同十四年の喜多村信節の『筠庭雑録《きんてい》』、嘉永三（一八五〇）年の朝川鼎の『善庵随筆』などには、巫蠱《ふこ》・飯綱《いづな》・狐使いなどといった事柄がしきりと出てくる。そこで、結局はそうした、古代以来の素朴な信仰をゆがめて悪用しだした行者に対する恐れが、近世郷村社会の中においてさらに悪用され、事実とは無関係に、いわば相手をやりこめる手段として利用されるようになった、その被害者が今日いう〝筋〟というものではあるまいか、とまだ漠然とではあったが考えるようになったのである。

考えたからにはこれをまとめておかねばならない。そこで、翌二十三年五月開催の島根民俗学会でこれを発表し、さらにその要旨を『島根民俗通信』第四号に発表した。これが私がこの問題について文章にした最初であった。といっても、その内容はいたってまだ幼稚なもので、研究発表などというものではなく、いってみれば一つの学習発表にすぎなかった。

ところが、そのころ政府の方で迷信打破ということが重点項目の一つとされ出し、やがて文部省に迷信調査委員会なるものができ、民俗学の方からも堀一郎・今野円輔の両氏が委嘱されるという情勢になってきたので、新聞やラジオでもこの問題をしきりととり上げるようになった。

そういうことから、私にもこのことについて放送してくれという依頼がきた。放送は初めてではなかったが、つき物となるとむずかしい。それであれこれ言葉を選び、六月十八日、松江放送局から十五分、解説という形で放送した。

なにぶんローカルの十五分ものなので、徹底したことはとうてい言い得ない。結局はただ問題を開陳したたけに終わったのではなかろうかと案じていたところ、そのころこういうことをやっている人が地方では他にいなかったので、またたのむ、またたのむといわれ、結局あのころ五回も六回も放送したように思う。

しかし、そのつど与えられる時間は短く、これではただ問題をばらまくだけで、かえってよけいに人をまどわすことになりはしないか、と最後には多分に反省したものである。

学会の共同調査

狐に対する素朴な信仰が変化して、いわゆるつき物とまでなってきた過程がたどれたとしても、問題はそれがさらに変化して、いわば一種の差別の問題とまでなってきた過程の解明である。

それがこの時点ではまだ、いたってなされていなかった。もちろん古くからのものにも、このことを啓蒙《けいもう》する文章は多々見えている。しかしそれはただこれをつまらぬことだ、打破しろというだけのもので、そこに実証の論理というものが示されていない。

しかもそうでありながら、一方ではこのことによる問題というのが次々と出されてくる。さきに触れた『民族と歴史』の特集号にしても、全三百七十ジペーのうちの二百ジペー近くもをこのことの問題の報告に当てている。ところが、その中にはいわば無責任な聞き書きの類のものがすこぶる多く、それがそのころその地方での大多数の者の共通の知識なのか、それともたまたま、ある一人が言葉巧みに言ったことの作文にすぎないのかの区別のつきかねるものが多い。これでは問題の解決にならぬと思った。

そこで、これはどうしてもわれわれ自身、方法をきびしくしてやってみなければならないと思った。たまたま昭和二十四年、われわれは新たに出雲民俗の会を結成したので、この会の事業としてやってみようということになった。

要項を定め、焦点を、①とりつくといわれる動物そのもの（つまり人狐）、②それを飼っているといわれて迷惑を蒙《こうむ》っている家（つまり狐持ち）、③それがついたといって騒ぎ立てる人（つまり狐つき）の三つにしぼり、それぞれその特色をあげるように、どうせそれは事実の問題ではなく、認識としての問題にすぎないけれども、そうと割り切ったうえで、しかし、そのいいぶんをできるだけ詳細正確に記していただきたい、というのでお願いした。

幸いにして、熱心な会員から多々報告が寄せられてきた。中でも岡義重、馬庭克吉氏の報告が光っていた。

岡氏は人も知る郷土研究の先達で、私などより、実は親子ほども年の違う大先輩であったが、たいへん謙虚な方で、昭和二十一年の春、私が柳田先生の意を体して当時の民間伝承の会員に呼びかけの文書を出したとき、さっそく連絡にきてくださったのが、親しくなるきっかけであった。以来、何かにつけお世話になり、昭和五十年、数え年八十歳でなくなられるまでその親交は続いた。

馬庭克吉氏は昭和二十一年の秋であったと思うが、ある日突然やってきて民俗学の勉強をしたいという。そんなら一緒にやりましょうというので、ともに走り出した。いわば地方学会草創期からの同志である。当時、氏は教師をやめて農協の職員になっておられたが、その後また転進して今度は建設業に乗り出し、しかもその方面でずいぶん成功をおさめられた。ところがそうなってからでも民俗の研究はますますこれを深め、しかもそれがけっして素人芸ではないという、たいへん貴重な存在となって今日に至っていられる。

このお二人をはじめ、鳥取県では堀井度、樋口一男、佐々木一雄、島根県では松本興、菅野清、松崎清、桑原視草といった方々から、それぞれその地方での実地調査に基づく報告が寄せられてきた。

そこでこれをまとめて二十四年の十一月、『出雲民俗』の特集号として上梓《じょうし》した。

これは率直にいってそれまでの報告とはかなり違うものであった。何よりも大きな違いは、それまではただ多いとか少ないとか、いわば言葉のあやで表現しているだけであったことを、何戸中何戸、何%というふうに、つとめて数字化して表現したということである。これによりこのことを土地との関連において考えることが容易になり、考察が大きく深まったのである。

なお、このとき研究所からも大藤時彦氏が一文を寄せられ、また動物学の岩田正俊博士が動物学の立場から、さらに医師で会員の堀井度氏が精神医学の立場からの見方を示して、視野の拡大につとめてくれられた。

比較から分析へ

つき物の問題を『出雲民俗』にとり上げたので、あちこちから情報が寄せられるようになった。そのため、前々からの課題であるタタラはまだかたづいておらず、納戸神の問題もいっこうに進んでいなかったが、それはそれとして、この問題についてもそうゆっくりはしておれないようになった。

そこで、もう一度改めて今までの流れに当たってみよう、と既刊文献の中からこのことに関する報告・論文を拾い上げ、それを研究所へ持って行って補充し、そしてその一覧表を柳田先生の所へ持って行った。

すると、先生はそれを見てすぐちょいちょいとチェックなさる。そしてこれは良かった、これは見なくてもよいといって、それが何年も何十年も前のものであっても、それこそ掌《たなごころ》を指すがごとくに指摘なさる。そしてこの問題は社会的にも大きな問題だからぜひやってみるように、といって先生ご自身のカードをまでごそっと貸してくださった。

そういうことから、昭和二十六、七年ごろには、先生との会話でも自然このことが主になっていった。

その話の中で先生は、よくファミリーゴッド（イエの神）という言葉を使われた。狐はもともと人間にとってありがたいファミリーゴッドであった。それが世の変転とともにかえって好ましからざるものに変わってきたのだが、もともとがそうではなかったのだから、今でもあるいはどこかに古い形での狐神信仰が残っているかもしれない、といわれる。

それはよくわかりますが、そういう方向への探索とともに、今われわれに世間が求めてくることは、そうした素朴な信仰が変化し、それがさらに変化して、これが全く違った方向に悪用され出した、その経緯でございますと申し上げると、それはそうだろう。しかし、それにしても今までの報告には無責任

さんだわらに赤飯・赤幣、つきもの封じの祈願
（出雲市、昭和29年）

な聞き書きがあまりにも多い。あんなものがふえるだけでは事が少しも解決しない。というところから、できれば世間からそんなふうにいわれて困っている人たち自身の正真正銘な告白がほしいのだが、ともおっしゃる。

そうしたお話の中で、できれば家系をたどっていって、その一番の本家がその地区でのいつごろの開拓者なのか、おそらく一番古い開拓者ではなく、いわば第二期くらいの開拓者ではなかったろうかと思うのだが、どうだろうとおっしゃる。

これは私にとってたいへんなヒントであった。つまりすでに前住者がいる所へ、後から入って来て、しかも前者を凌駕《りょうが》しようとする家が現れると、それに対して古くからいる方は良くいわない。ことに急速に資産をふやしたりすると、これはただごとではない。何か特別の法でも使っているのではないか、などといい出す、というところから、この俗信がいわば相手をやりこめる手段として悪用され出したものではないかというわけである。

そこで帰省早々、会員の、特に井塚忠・和泉林市郎氏の協力を得て、出雲の東部と西部とでそれぞれ一カ所を選び、つとめて集約的に実態調査をやってみた。するとまさしく先生の予想通り、いわゆる筋の元は第二期くらいの入村者で、しかも急速な成功者であることになってきたのである。

昭和二十八年五月、『出雲民俗』の第十九号をもう一度これの特集号とし、右の実態を報告した。このとき精神医学の方からは鳥大医学部の神福尚武教授の稿をいただいた。当時こういう発表例がなかったので、世間からも注目され、松江法務局の人権擁護委員会からはこれを資料集に転載させてくれといってきた。

そういう苦闘をしているとき、ここに一人われわれとは違った畑から出て、この問題と勇敢に取り組む研究者が現れた。速水保孝氏である。二十八年の十一月『つきもの持ちの迷信の歴史的考察』と題する二百六ページもの本を出版された。

氏は人も知る社会経済史家である。だからその研究もその立場からのもので、世にいうつきもの筋なるものは、近世後半期、いわゆる米遣い経済が金遣い経済に変わる過程において、急に産をなしたものに対するねたみがつくり上げた虚構であるとされた。

これはつねに事の前後関係に重点をおき、年代ということにとらわれないでいる民俗学的研究の欠を補うものとして、われわれにとっても有益な研究であった。

年会の壇上で立ち往生

話をまた一年前にさかのぼらせる。昭和二十七年の夏であった。柳田先生の女婿の堀一郎氏が、当時青山学院大の講師であった野村暢清氏（後の九大教授）を伴って来られ、出雲でつき物調査をしたいといわれる。そう簡単にはできませんよといったが、どうでもといわれるので、二、三協力してくれそうな人を紹介し、また私自身も数日〝通訳〟（出雲弁の）として同行した。

そういうことが、そのころ実はたびたびあるようになった。そこで、このぶんだとこのことが学界でもますます注目されるようになる。それはよいが、問題はその方向がどう向かってゆくかだ、と思っていたところ、たまたま何かの大衆雑誌に、作者はM氏であったか、H氏であったか、とにかく当時の流行作家の、隠岐でのつき物をテーマにした小説が載った。

小説だから仕様のないことだが、それにしてもその内容はあまりにも興味本位のもので、いわばこういうことを残す地方の低劣さを嘲笑《ちょうしょう》するかのような態のものであった。

これでは困る。こういうものが横行するようでは百害あって一利もない。これはやはり東京でもっと実情をはっきりさせ、そして今は今なりにきちんとした解釈を下しておかねばならないと思った。それで二十八年の十月、慶応で開催の第五回日本民俗学会の年会でこれを発表することにした。

たまたまその年の夏、隠岐に渡り、小脇清君の協力で島前の実態をかなりつかんでいたので、それと前々からやってきている出雲各地での調査の結果とを一緒にし、「つき物思想の膨張と社会緊張」と題して発表した。

黒板に地図や統計を何枚も張り、いわゆる筋が多いとか少ないとかいっても、その実態はこうである。またその家筋調査の結果と過去数年にわたる婚姻届の内容とを比較してみればこうなる。そういわれている家に人狐とか犬神とかいう特殊な動物がいるなどということはもちろん虚構だが、にもかかわ

日本民俗学会年会の翌日、柳田邸に集った人たち。前列左から丸山学、１人おいて岩崎敏夫・宮本常一・亀山慶一・桜井徳太郎・保仙純剛・石塚尊俊・北見俊夫。２列目左から１人おいて高木誠一・橋浦泰雄・柳田國男・Mエーデル・沢田四郎作・長岡博男・大藤時彦・堀一郎・野田多代子・井之口章次、そのうしろ鎌田久子（昭和28年10月５日）

らず人がそういうふうにいうようになったのはなぜか、試みにその総本家といわれる家の入村時期に当たってみると、いずれもその地区での最初の開拓者ではなく、といって新しい家でもない。おおむね第二期くらいの入村者であり、かつ急速に前者を凌駕《りょうが》するに至った家である。けだし社会緊張のよってきたるところはここにあるのではないか。というところを時間いっぱいいやったのである。

そして発表が終わり、座長がどなたか質問はありませんかというと、まず熊本商大の丸山学氏が立たれた。その他誰《だれ》々だったか忘れたが、もう二人ばかり立たれた。その質問に対していちいち答え、だんだん調子が出てきて、きざないい方をすれば、それこそばったばったとなぎ倒すような調子になっていった。

と、そのとき思いもかけず柳田先生がすっくと立たれた。そして開口一番「只今《ただいま》の石塚君の発表は民俗学ではない」といわれた。まさに晴天の霹靂《へきれき》であり、はぁーとばかりにもう顔も上げられない。そのままずごすごと壇を降りるほかはなかった。

しかし、本当は先生にもあの内容が全くだめだと思われていたわけではなかったのである。その証拠に、その日、会が終わって帰途につくとき、先生をとり巻いて大藤・堀・直江・宮本常一といった人たちがかたまって歩いて行く。私もなんとなくその後について歩いていたところ、宮本氏がしきりと私に話しかけられるので、私がすぐ後にいることがわかったとみえ、先生がくるっと後ろを向いて、「さっきはかわいそうなことをしたが、あのままだとみんなが民俗学とはあんなものかと思うといけないのでああいったのだ」という意味のことをおっしゃった。

だから本当はよくわかっていただいたわけであるが、それにしても一喝くらわせられたことには違いなかった。なんでもあのころには毎年一人ずつしかられることになっていて、関敬吾氏も平山敏治郎氏もやられたという話だった。

多数地帯と少数地帯

柳田先生に「民俗学ではない」といわれたけれども、それはしかし事情を百もご承知の上でいわれたことであった。民俗学ならば何が何でもただひたすら民間伝承の比較にとどまれといわれたわけではないと感じとった。

しかしまた、それとともにいささか不遜《ふそん》なことも考えざるを得ないようになった。それは、先生はあれほど天性鋭敏な方ではあるが、そのお生まれが播州であり、お育ちが下総、東京であるだけに、少なくともこのような問題に関しては、いわば痛みを肌で感ずるということがおできにならぬのではないかということであった。

もちろん私にも痛みの本当のところはわからないかもしれない。しかし少なくとも、平素問題の無いところで、ただ机の上でこれを考えている人たちの場合とは事情が違うはずである。私としてはやはり、これを分析にまで持っていかなければ、やることが無意味であると思われた。

しかし、それにはこれをもっと全国的視野から見直していかねばならない。幸いこのころになると、主として堀一郎氏の呼びかけによって、『民間伝承』などにもだいぶ以前とは違う調子のものが出てくるようになっていた。けれどもまだ少ない。それで昭和二十九年八月、『山陰民俗』でもう一度これの特集を試みることにした。

お願いしたところ、方々から権威ある報告が寄せられてきた。いまその執筆者と担当地区名とを挙げてみれば次のようになる。

小井川潤次郎（青森県八戸）、直江広治（宮城県十五浜）、戸川安章（山形県庄内）、岩崎敏夫（福島県相馬）、川端豊彦（千葉県各地）、和田正洲（山梨県北都留郡）、千葉徳爾（長野県遠山地方）、早川孝太郎（愛知県三河地方）、堀田吉雄（東海道西辺）、沢田四郎作（奈良県葛城地方）、三浦秀宥（岡山県美作地方）、松浦康麿（島根県隠岐島前）、船津重信（同邑智郡）、桂井和雄（高知県各地）、井之口章次（長崎県平戸周辺）、村田熙（鹿児島県各地）。

その他、この特集には間に合わなかったが、群馬県の今井善一郎、徳島県の多田伝三、香川県の細川敏太郎、山口県の松岡利夫氏などからもそれぞれ貴重な報告をいただくことができた。

そうした報告によってわかったことは、この俗信の地方差は思ったより大きく、ことにいわゆる家筋の残留量には極端な違いがあるということであった。簡単にいえば、この島国の全体を通じて東北と西南の隅とにはごく少なく、またかつての文化の中心地であった近畿を中心とする一帯にはほとんど無いに等しいくらいになっているが、その中間に挟まる、東では北関東・中部上高地の一部、西では中国・四国および九州の東北部などでは概して多い。中でも出雲・西伯耆・隠岐島前地方、土佐の幡多郡地方、豊後の海辺地方ではいまだにこのことによる社会問題が後を絶たないということである。

すなわち、これには少数地帯と多数地帯の違いが著しく、そして出雲地方などはその多数地帯の最もなる所であることがあらためてはっきりしてきたのである。

そこで、これからさらにやるとしたならば、まずもって同じ多数地帯である土佐幡多郡、豊後海辺地方との比較であると思われた。

昭和三十年の夏、豊後北海部郡地方へ行き、同じ年の十二月には冬休みになるのを待ちがてに土佐の幡多郡へ行った。豊後の時には事前に関敬吾氏に事情を聞き、さらに同地出身の祝宮静先生に紹介状を書いていただいたりして行ったので、現地の教育長・町内会長から全面的に協力してもらうことができた。また土佐の時には土佐民俗学会の桂井和雄氏のお世話になり、現地の中学校で先生方を挙げての協力にあずかることができた。

調査の結果はいずれも大成功というべきであった。そして何よりもうれしかったことは、その成立のパターンが結局出雲の場合と同じであることがわかったことである。

土佐の調査については結果を改めて報告する余裕がなかったが、豊後の結果については昭和三十一年の『日本民俗学』四ノ一に「憑物筋の膨張とそれ以前」と題して発表した。

少数地帯を歩く

出雲、隠岐、豊後、土佐と、つき物についての多数地帯を歩いたので、続いてこれらと全く対照的なはずの少数地帯の実情も探ってみなければならない。それにはまずもって東北へ行く必要がある。たまたま昭和三十一年、研究所を通じて文部省助成金のおすそ分けにあずかったので、夏休みになるのを待って東北地方の一巡を思いたった。

七月二十八日に家を出て、東京へ行ってまず柳田先生にお目にかかり、何かとお話を承って研究室で二日間ほどすごし、常任委員の直江広治氏から助成金を受け取って、翌朝上野から青森行き急行に乗った。

東北の採訪は初めてだったので、当面の目標はつき物だが、そのほかにもできるだけ多くのことを見聞しておかねばならない。それで少しずつではあっても、なるべく途中下車を多くするように計画した。

一日目にはまず郡山で降り、安積《あさか》国造神社に参って、あたりでざっと話を聞き、次いで二本松で降り

津軽の刺繍コギン

八戸地方のオシラさま。持っているのは小井川潤次郎氏

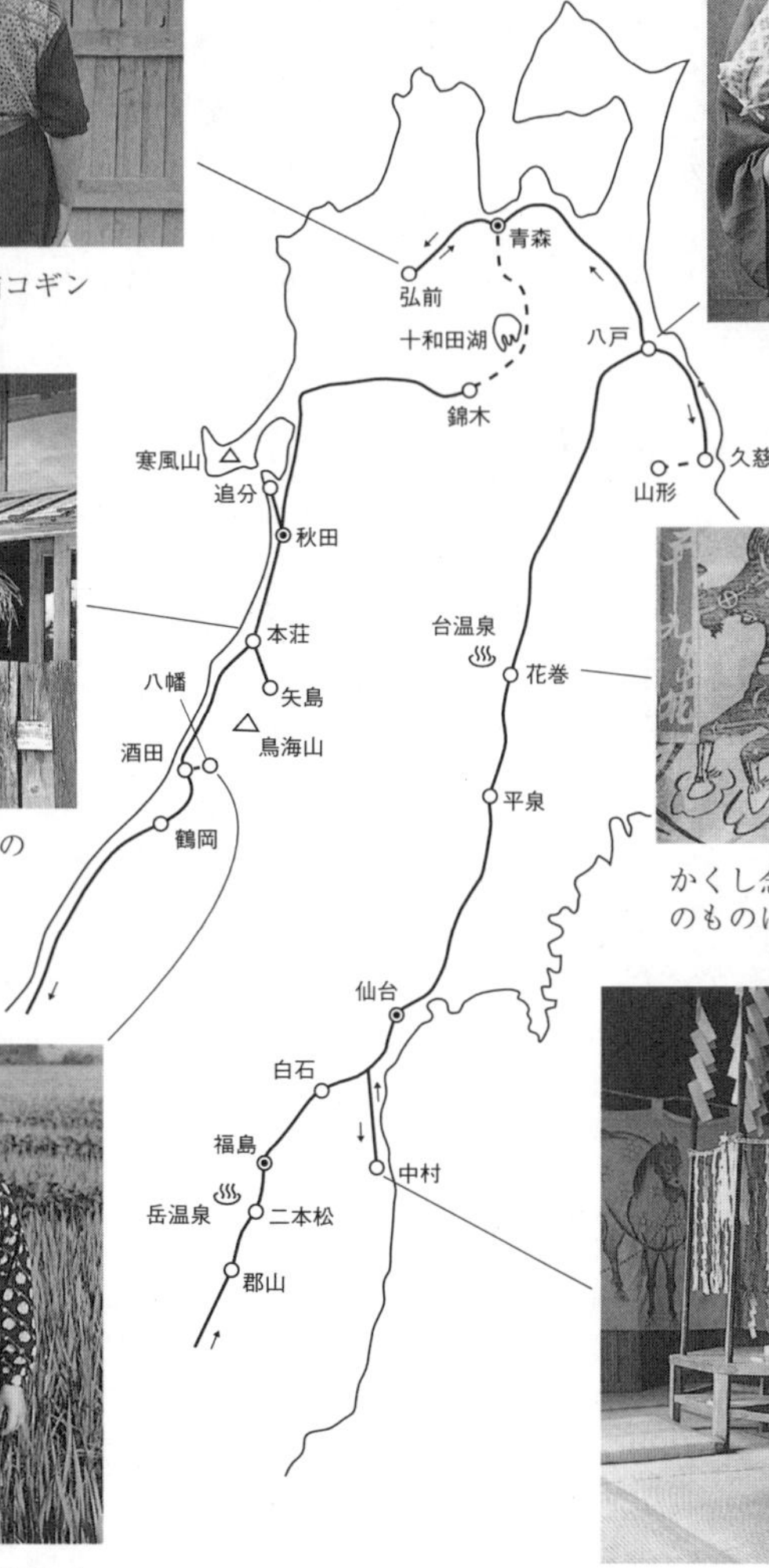

本荘地方の盆の精霊迎えのわら馬

かくし念仏の正体（小井川氏所蔵のものによる）

庄内平野のハンコタンナ（顔覆い）

相馬中村神社の神道護摩の壇

（写真はすべて昭和31年８月）

て少年隊の話などを聞き、もちろんつき物のことも確かめてその近くの岳温泉で泊まった。

次の日は福島で降り、次いで白石で降りて蔵王町の宮まで行くと、そこに刈田嶺神社がある。この社では春になると神座を上の宮に上げ、秋になると下の宮に下ろすことで有名なので、主としてその話を聞いた。そしてまた列車に乗り、沼隈から常盤線に乗り換え、相馬中村で降りて岩崎敏夫氏を訪ねた。岩崎氏は国学院で十年の先輩、このときにはまだ高校教師であったが、やがて「本邦小祠の研究」で学位を得、東北学院大学教授になられた。一晩泊めていただいて相馬地方の伝承を聞き、翌日は中村神社その他につれて行っていただいた。中村神社には神道加持の護摩壇がまだそのまま残っていた。

三日目は仙台に行き、東北大の竹内利美教授を訪ねたが、この日はちょうど夕方まで集中講義だという。それで夕方までの一時を塩釜と松島とですごし、夜に入ってお宅を訪ねた。氏は私より年上だが、国学院では私より若干後である。この前年、出雲調査にやってきて、そのときには拙宅で泊まっているので、この晩はそう遠慮せずに泊まることができた。

その翌日はまた北へ向かい、平泉で降りて金色堂と毛越寺とを駆け足で回り、花巻で降りて奥の台温泉で泊まった。ここで非常にいい話を聞いたのだが、そのことは後でいおう。

翌日はまた北へ向かい、八戸で降りて小井川潤次郎翁を訪ねた。さすがに東北の碩学《せきがく》といわれている方だけに、質問することに直ちに答えられる。つき物をはじめイタコのこと、オシラさまのこと、かくし念仏のことなどいろいろのことを聞き、そしてこの晩は太平洋岸の久慈で泊まることにした。

ところが、八戸線に乗ったが、その列車が種市という所で止まってしまった。日は暮れるし、腹はすくので、駅前の煮売り屋に入ったが、出されたものは、ぼそぼその盛り切り飯と干物一匹、それに大根漬けが二切れだけ。それを一人で薄暗い明かりの下で食べていると、何ともはやりきれない気持ちになってくる。いったい何のためにおれはこんなことをして歩いているのか、とそのときほど思ったことはなかった。

その晩はかなりふけてから久慈についた。そして明くる日はバスで山形村という、人口は七千人だが、面積は小さい郡ほどもある村に入り、南部の山村の一例を知った。そして出てきてまた久慈で泊まり、八戸へ寄ってもう一度小井川翁を訪ね、次いで青森へ行ったところ、ちょうどその晩がネブタで、宿を求めるのに苦労した。

それから弘前へ出て、これも先輩の森山泰太郎氏を訪ね、泊めてもらって話を聞いた。氏もそのころには高校教師であったが、後には東北女子大学の教授になられた。翌日は岩木山のほとりを歩いてまた青森までもどり、奥入瀬川をさかのぼって十和田湖へ上がり、酸ヶ湯を経て湖畔で泊まり、南へ降りて錦木から秋田へ出て泊まった。翌日は男鹿寒風山の近くまで行って吉田三郎氏を訪ね、南へ下がって本荘で泊まり、鳥海山麓《さんろく》を歩いて山形県に入り、八幡で泊まって旧友の庄司功君を訪ね、翌日は酒田の郊外を歩いて戦死した今井正君を弔い、鶴岡へ行って戸川安章氏を訪ね、泊めていただいて郊外を歩いた。

ところがそのとき戸川氏が自転車を借りてくれられたので、氏とともにそれに乗って走ったのはよかったが、終始たいへんな石ころ道で、ごてごてしていてなかなか進まない。ふと気がつくと荷台につけておいた採集ノートが落ちている。あわててひき返してみたがどこにも見当たらない。それですっかり気落ちがしてしまい、とうとうそのままひき返して西下の汽車に乗ってしまった。

戸川氏が気の毒がり、そのことを新聞に出して下さった。するとえらいもので、拾った人がすぐ届け出て下さった。あつくお礼をいって五百円だか送ったが、たしか宿費が五、六百円くらいのときのことで、いまだに忘れ得ぬ思い出となっている。

飯綱使いの痕跡

東北を一巡していろいろのことを聞いた。しかし主眼はあくまでもつき物なので、どこでも必ずこのことについて聞くことを怠らなかった。けれども、なかなかこれといった答えが得られない。「はあ、たしかに昔はそんなことを言っていましたが」というような答えばかりである。

これは聞き方が悪いのか、それともこちらがよそ者なので警戒してのことなのかと思って、相馬で岩崎敏夫氏にじっくり尋ねてみるが、どうもやはりこの地方では事がもうほとんど風化してしまっているらしい。仮に今日なおそのようにいわれている家があるとしても、それは数村に一軒あるかないかくらいだろうという話である。

それで、東北ではもうつき物といってもそんな状態なのかと思うようになっていたところ、調査三日目にしてぱっと目の前が明るくなるような話に出合った。

台温泉で泊まった晩のことである。膳《ぜん》をかたづけにきた女中さんに二言三言、土地のことを聞いたついでに「イヅナということを知っているか」と聞いてみた。すると「エヅナって神様でしょう」という。神様とはまた異な答えだったので、さらにつっこんで聞いてみると、それは要するにエヅナという神聖なものをまつる人のことをいっているのであった。

エヅナとはいうまでもなく東北のなまりで、共通語としてはイヅナである。文字は「伊豆那」あるいは「飯綱」と書く。語源は明らかでないが、中・近世の文献ではこれがつき物の代名詞のごとくに使われ、「飯綱の法」とか「飯綱使い」という形でしきりと出てくる。だから今日でも東北あたりでは、ただ狐とか、つき物というよりイヅナといった方がわかりやすいと思って、この語を使ってみたのだが、結果はまさしく的中した。

しかもそうして聞いているうち、そのイヅナをまつる人のことをこの地方では一般に「イヅナ使い」と、「使う」という語をつけて呼んでいることがわかった。といっても、その「使い」という語に対する感覚は、もうあの中世の『中原康富記』や『応仁後記』などに見る感覚と同じでないのはもちろんである。つまり目に見えない狐霊《これい》を駆使して人をなやます油断のならないものといった感覚ではなく、ただイヅナという特殊の神様のようなものをまつって伺いを立てたり判断をしたりする人というくらいの感覚で使っているのにすぎないわけだが、それにしても中世の文献に見るのと同じ用語が、ここではまだ日常語として生きているのであった。

そのくらいであるから、この地方には今日、西日本でいう「持ち」とか「筋」という語はできていなかった。ということは、結局ここではこの俗信が応用されて膨張するということがなく、いうならば古代・中世以来のものが自然に弱まりつつ今やわずかにその痕跡を留《とど》めているにすぎないということになるのである。

そうした考えを固めつつ八戸へ行って小井川潤次郎翁に会い、さらに弘前に行って森山泰太郎氏に会って聞いてみると、ここらあたりでもやはり〝使い〟の末裔《まつえい》は膨張しておらず、今ごく稀《まれ》に残るそれは主としてイタコか、もしくは山伏であって、要するに自他共に許す祈祷《きとう》師であり、ふだんは仏おろしや失せもの判断などをやっており、たまたまそのいうことがよく当たるという場合、あれはやっぱりイヅナを使っているのではないか、とうわさをするという程度にすぎないことがわかった。

そういう実態をたしかめつつ、秋田へ出て男鹿寒風山麓の吉田三郎氏をたずねたところ、ここでまた一つおもしろい話をきいた。それはこの地方でも、たとえば人と大げんかをしたときなどには、「このやろう狐をつけてやるぞ」というようなことをいうという。しかし、それは自分が自ら飼っている狐をつけるという意味ではなく、かねて狐使いだといわれている行者にたのんで、その者が祭っている狐をつけてもらうぞ、という意味だというのであって、それがこの地方におけるこの俗信にかかる伝承の実態だということをはっきり知ったのである。

日本の憑きもの

東北を一巡した昭和三十一年には、年末にもう一方の少数地帯である南九州を歩いた。鹿児島本線で南へ下がり、八代から人吉に入り、青井阿蘇神社に参って、あたりで話を聞き、吉松・栗野・隼人を経て鹿児島に着いた。

始良地方のウツガンサー
(屋敷神)

人吉市青井阿蘇神社楼門

開聞岳と畑の中のいもがこい

桜島の頭上運搬

(写真はすべて昭和31年12月)

鹿児島では、鹿児島民俗学会の代表で、やはり母校の先輩である村田熙氏を訪ね、氏のお世話で始良・西桜島を歩き、また単独で指宿・山川あたりも歩いた。そして今度は宮崎本線を回って帰ったのだが、その結果この南九州あたりでも、つき物はやはり特定の祈祷師だけのもので、それももはやほとんど過去の問題になりつつあることがわかった。

そこで、このように粗々ながらでも、このことについての多数地帯と少数地帯とを、ともに歩いたからには、ここらあたりで一応まとめの構想を立ててみる必要があると思った。しかし、まとめとなるとやはりそう簡単にはいかない。次々と穴が見つかってきて、それを埋めるのにまた勉強をし直すということのくり返しで日を重ねた。

するとある日、東京の未来社から小汀良久氏が来て、いま未来社で「日本の民話」シリーズというのを始めている。その一冊として『出雲の民話』を担当していただきたい、というのである。

おもしろそうな話だが、もともと私は口誦《こうしょう》文芸は不得手である。それに昔話・伝説といえば石見の方に熱心な人がいる。なんなら紹介して上げようかといったところ、いや、いずれは石見でも出すことになると思うが、今はとにかく地名として全国に通りのよい「出雲」で一冊をつくりたいという。それならばというので、かねて親交のある岡義重氏と小汀松之進氏とを誘い、三人の共編という形で出すことにした。

その原稿が出来上がったころ、ちょうど研究所へ行く手順にもなっていたので、東京へ出てまず未来社へ行った。そしていろいろ打ち合わせをした後、雑談の中で、本当は私としては民話よりこういうものを出したいのだが、といってそのころいつもかばんの中に入れて持ち歩いていた、つき物研究の案を出してみせた。すると西谷社長がじっと見ていてこれはおもしろい、出しましょうという。

これはしたり、こんなにぱっと話が決まるものとは思ってもみなかった。だが、とにかくこうなれば急いでまとめねばならないと思って、その明くる日、研究所へ行ったので、まずもって先生に報告した。ところが、意外にも先生はいい顔をなさらない。どうも出版社が気に入らぬという意味のことをおっしゃる。それで困ってしまい、その明くる日鎌倉へ行って大藤時彦氏に相談した。すると大藤氏は、いいよ、出せよ、出版社の選《よ》り好みなどは先生にして初めてできることだ。先生もそのうち忘れられるよ、といわれる。

それでまた勢いを得、帰宅してから夜を日についでこれのまとめにとりかかったのである。

昭和三十三年九月『出雲の民話』ができ、翌三十四年七月、年来のつき物研究がついに形をなした。そのとき未来社の意向で題名を『日本の憑きもの』とされ、また表紙にかなり幻惑的な図柄を使われてしまったが、これは当方としても承知せねばならなかった。

未来社の宣伝はものすごかった。これこれの所へ送ったというメモを見ると、新聞では朝日・毎日をはじめ、北は東北の「河北新報」から南は九州の「西日本新聞」に至る主要新聞の全部、それに「週刊朝日」「サンデー毎日」から「週刊大衆」「アサヒ芸能」というところに至るまで当時の週刊誌のほとんど全部に送っている。

書評もずいぶんたのんだらしく、堀一郎、宮本常一、今野円輔、乾孝、花田清輝、佐々木秋夫、中村浩、今井善一郎といった方々がこぞって書いてくださった。

そのためもあって、この種の本にしてはかなり売れ、増版に次ぐ増版で、結局は二万部くらいも出たように思う。

反響も当然大きく、全国からいろいろな質問がきたが、中にはどう読み違いするのか、いい祈祷所があれば教えてくれというようなのがあるのには困らせられた。

巣立ちゆく淋しさ

つき物の研究がついに本になった。それはまさにひょうたんから駒《こま》が出るような生まれ方であった。しかし、それはいよいよ原稿が本になるというときのことで、内容そのものは良かれ悪しかれ十年にも余る長い苦行の末の結実である。だから、これができたときには正直なところほっとした思いであった。

けれども、そこになお一つ、人に言い得ぬもやもやが残っていたことも否めない。ほかでもない。この出版が柳田先生のご了解を得ずして、いやむしろお気持ちに反してなした出版であったということである。

それでこれから後、先生に対して何とはなしに敷居が高くなってしまい、東京へ出ても、それまでのように気易く伺うことができなくなっていた。けれどもいつまでも伺わずにいるわけにはいかないので、たまたまその翌年、昭和三十五年の暮れ、今度は祝宮静先生のお勧めでまとめた『刳舟の研究』ができた機会に、それを持って思いきって伺った。

すると先生は意外にも、よう来たといって喜んでくださった。それですっかり安心していろいろお話をしたわけだったが、そのうちふと、どうも先生のご様子が以前とは違うことに気がついた。簡単にいうと、かなり弱ってこられた様子である。それであまり長居をしてはいけないと思って、ではこれで失礼いたしますといって立ち上がりかけると、まあいいではないかといって引き止めなさる。しばらくしてまた立ち上がりかけるとまた引き止めなさるして、たしか三度は引き止められたと思う。そしていよいよ辞するとなったときには、奥様ともどもわざわざ玄関先まで出て見送ってくださった。そのときの先生のいかにもさびしげであったお顔が、いまのいき忘れることができない。

その後、昭和三十七年の五月三日、日本民俗学会の主催で先生の米寿の祝賀会を行ったが、このときには大勢と一緒だったので、個人的な話は当然できなかった。

と、それからわずか三カ月ばかりの後、八月の八日、先生の訃報《ふ》に接した。とるものもとりあえず上京したが、先生のお姿はもう祭壇に飾られたお写真でしか見ることができなかった。

まさに巨星地に墜《お》つといおうか、集《うごな》われる門弟・会員の一同は常夜《とこよ》行く思いに打ち沈んだことである。

没年の柳田翁（米寿祝賀会のとき配ったもの）

しかし、出版社は強かった。すでに諸般の事情から財団法人民俗学研究所が閉鎖のやむなきに至った昭和三十二年の直後ごろから、まだ先生の余光は輝いていたのに、早くも新しい民俗学の模索に乗り出してきていた。その一番手は平凡社であって、いわば柳田直系以外の人たちをも誘い入れて『日本民俗学大系』全十二巻の出版を計画した。これはいうならばそれまでの一国民俗学の方針に必ずしも縛られることなく、重出立証法といわれる方法論の枠にこだわることなく模索するというものであって、大きな目で見ればそれなりに意味のあることではあったが、一昔前ならば到底実現すべくもない計画であったことはまちがいない。

ところが、この大系がほぼ終わりに近づいたころ、前記私の『日本の憑きもの』が上梓され、そこにかなり社会調査の結果などをとり入れているところが見えるため、私などもこの新しい側の者のように見られるむきがあったらしい。

大系が第十三巻総論篇になったとき、鹿児島の小野重朗氏とともに私にも調査法について今までとは違った立場から書いてくれという依頼があった。しかし私にはまだとうていそんな力はないからといって、ただ「民俗採集の要領」と題して、毒にも薬にもならぬものを書き送るに留めた。

ところがまた昭和三十九年になってからであったが、筑摩書房が「現代日本思想大系」を計画し、その一冊を『柳田國男』とし、他の一冊を『民俗の思想』と題して、これを先生以外の民俗学者九人の文章をもって構成した。その一編に編者益田勝実氏が私の『日本の憑きもの』の一節を入れたのである。しかもそれが「1、民俗への開眼」「2、民俗の発掘」「3、明日への民俗」とある中の、その第三章の中の冒頭の一節としてであった。

これには驚いた。これだと私までがいよいよ従来の行き方に対する反逆者の一人のような形になってしまう。抜擢《ばってき》されたというような気分は到底湧《わ》くわけはなかった。

しかし、そうはいっても先生はすでに亡い。これからはいやおうなく一人で歩いていかねばならない。責任はあくまでも自分で持たねばならない。さてどうしたものかという、その心細さ、さびしさに思いなやまされることであった。

余白録2　民俗調査に出かけると、若いころにはできるだけ民家で泊めていただいて、宿泊とともに聴き取りの恩恵にも与《あずか》らせてもらえるように努めた。それが学者・研究者のお宅だとなおありがたかったことはいうまでもない。そういう意味でお世話になった先として次の方々がある。三浦秀宥（美作落合町）・土井卓治（岡山市）・一宮左内（豊後日出町）・村田熙（鹿児島市）・桂井和雄（高知市）・長岡博男（金沢市）・岩崎敏夫（相馬中村）・竹内利美（仙台市）・森山泰太郎（弘前市）・戸川安章（鶴岡市）の各氏。なお山陰地区では蓮仏重寿（因幡河原町）・牛尾三千夫（石見桜江町）・沖本常吉（同津和野町）・横山弥四郎（隠岐知夫村）・松浦康麿（同西ノ島町）の各氏である。

逆にあのころ調査の道すがら拙宅へ来られ、そして泊まって下さる人も少なくなかった。東京からは山上八郎・早川孝太郎・橋浦泰雄・関敬吾・和歌森太郎・竹田旦・井之口章次・野村暢清・本田安次・朝比奈威夫・直江広治・牧田茂・倉林正次・坪井洋文・伊藤幹治・高崎正秀御夫妻・村田正志の各氏。神奈川県からは大藤時彦・祝宮静の各氏。仙台から竹内利美氏。広島から江嶋修作氏。山陰の各地からは田中新次郎（鳥取市）・沖本常吉・牛尾三千夫・松浦康麿の各氏が来泊された。いずれもおおむね昭和二、三十年代のことであったが、祝先生の場合はご発病の昭和四十八年まで何回も来て下さった。

五　イエの神・ムラの神

まず神棚の調査

第五稿はイエの神・ムラの神である。

日本では村に村氏神があり、集落に荒神さんがあるとともに、各家としてもまたいろいろの神を祭る習慣がある。むろん日本だけのことではなく、韓国や中国でも同じであるが、そういう他国でのことはしばらくおいて、この日本で、われわれの日常生活に直結するこの習俗がどういうところからきているかについても、民俗学としては十分考えていかねばならない。

しかし、こういう身近な神信仰の問題については、古くからあまり研究されていなかった。きちんとした神社についての研究は、神道学者・国学者といわれる人たちによってくりかえし進められてきたが、神社とまでならない集落の神々や家々の神、ことに家屋の中に祭る神々のこととなると、これを俗信仰であるとして軽視するかの気風がないでもなかった。

しかし、それならば村や町に住む人たちにとってイエの神や集落の神はどうでもいいものかといえば、どうしてどうして、こういう神々こそ人々にとっては一番身近な神々である。いろいろのつごうで神社へなかなか参れないという人でも、家の中の神棚には毎日手を合わせる。屋敷内の荒神さんには、

トコ脇の神壇（出雲八雲村、昭和56年）

たたられるといけないからというので常に気を遣う。また時には本家の荒神さんを分家・孫分家の者が一緒になって祭り、それをもって一族一門の固めとするという習慣をもつ所も少なくない。ならば、こういう方面の研究こそ、日本の神信仰の研究としては大切ではないか、神社の研究はもちろん大切であるが、大きな神社の歴史が明らかになったからとて、それで日本人の心の底にひそむ本当の意味での民族信仰が明らかになったとはいえない。というので、特に第二次大戦後からであるが、民俗学界ではこのイエの神・ムラの神の研究を進めることになった。

最初に乗り出したのは萩原龍夫氏であった。昭和二十六年、文部省の科学研究助成金を受けて、「家の神・村の神の研究」と題してとりかかられた。次いで関敬吾氏も二十七年、誠文堂新光社の『日本社会民俗辞典』の「神棚」の項を担当してまとめられた。しかし当時はまだ学会の機関誌にも報告例が少なく、両氏とも資料の乏しいところをずいぶん苦心してまとめておられる様子が、今から見れば感じられるのである。

そのころ、われわれの出雲民俗の会では、主としてつき物に力をそそいでいたが、それはそれとして、このイエの神・ムラの神の問題にも手をのばしてみようということになった。それで機関誌『出雲民俗』にまずもって神棚に関する調査要項を掲げ、会員に対して協力を呼びかけた。

とっさのこととて参加者は少なかったが、それでも伯耆東伯郡、出雲簸川郡、石見安濃郡（現大田市）、隠岐島前あたりの状況がとびとびながらもわかってきた。

それによると、これらの地方では、どこでもいわゆるオモテの座敷の床の脇に神棚を設け、あるいは床そのものを神床にして、天照大神や在所の氏神、あるいは参拝して受けてきた方々の有名神社などの分霊を祭るとともに、茶の間とか台所とか、とにかく表側でない部屋にもやはり神棚を設け、そこへは主として恵比須さん・大黒さんを祭っている。そしてまたクドとかカマドとかの火を焚《た》く所へも、オカマさんといっている火の神を祭っている。さらに伯耆や隠岐あたりでは、寝間である納戸にも、これはさきに取り扱ったトシトコさんを祭っている。

つまり、一口に神棚といっても、けっして単純ではなく、あの神さま、この神さまといろいろになっている。しかもその場所が表側の、いわばハレの場所だけでなく、裏側ないし内側ともいうべき褻《け》の場所にもなっている。ということは、要するに、二重構造になっているということであって、これが一般庶民のイエの神の祭りようの実態だということが、まず感じられたのである。

台所のエビス・大黒

表側の床のあたりに祭る神は、家にもよりけりであるが、大体において伊勢の大神をはじめとするあちこちの著名な社の神々である。つまり高位の神々である。だからこういう神々を祭っておくならば、もうそれで家の守りは十分であろうと思われるのに、実際にはやはりまだいろいろの神を、しかも内側の方にも祭っている。ということは、結局表側の神だけでは不十分だということであり、逆にいえば内側にもなお多くの神々を祭らねば安心できないということになるわけである。

内側に祭る神々は、これまた家によりまちまちであるが、共通して多いのは、カマド神とエビス・大黒《だいこく》である。

カマド神はいうまでもなく火の神である。火は人間生活にとって、なくてはならないものであるが、そのかわり一朝使い方を誤れば、たちまちにして大事に至る恐ろしいものでもある。だからこの神に対しては、ありがたいと思う気持ち以上に、その怒りを恐れる気持ちの方が強かった。そこでこれを呼ぶのにも「荒神」、すなわち荒々しい神という語をもってする地方が多く、たとえばここ中国地方でも、石見から西の地方にかけては、土地の神よりこの火の神の方を荒神といっている。

ところが、これに対して、台所や茶の間に祭るエビス・大黒となると、この方は見るからに円満な福の神である。エビス神は烏帽子《えぼし》・狩衣姿で、釣り竿《ざお》を持ち、鯛《たい》を抱えて岩に乗っている。大黒さんは頭巾《ずきん》をかぶり袋を背負い、打ち出の小槌《こづち》を持って俵に乗ってござる。つまり一方は漁の神、他方は農の神で、合わせて人間にとって一番大切な食を司る神、さらには金をもうけさせてくださる神として祭られている。だから時がたち、建築様式が進んで、どこの家にも上の間、オモテの間というものができて、そこへ高位の大神たちを迎えるような形になってからでも、なおこの食の神・福の神を祭る習慣はなくならないわけである。

けれども、この両神をこのような形で祭るようになったのはそう古いことではないといわれている。言葉からしても、エビスという語はもともと「夷」という当て字が示すように。古くはもっぱら辺境の民を意味する語として使われていた。それが、その辺境の民に対する緊張がなくなるころから、むしろ遠来のありがたい神の意味に使われ出し、それによって文字も「恵比須」あるいは「恵美酒」と書かれるようになってくるが、そうなってくるのは中世以後である。

一方、大黒の方は、元をただせば古代インドの戦闘の神マハカラであった。それが中国に入って大地の神となり、「大黒天」と訳されて厨房《ちゅうぼう》すなわち台所の神となり、やがてわが国にも伝わってきた。

ところが、わが国に伝わると、これが例の神仏習合思想によって、大黒、大国の音の一致から、わが大国主命だといわれるようになり、しだいに福神としての性格を帯びるようになった。するとまた一方のエビス神の方も、これは主として摂津の西の宮の神人《じにん》の働きかけによるものといわれているが、これは漁の神、事代主命だといわれるようになり、そのため大黒と恵比須とは親子だといわれるようになり、結局セットとして祭られるようになってきたわけである。

室町時代に完成した狂言に「福神」という曲があり、さらに「恵比須大黒」という曲もあるから、室町のころにはすでにこの形は成立していたものと思われるが、それ以前に関しては明らかでない。

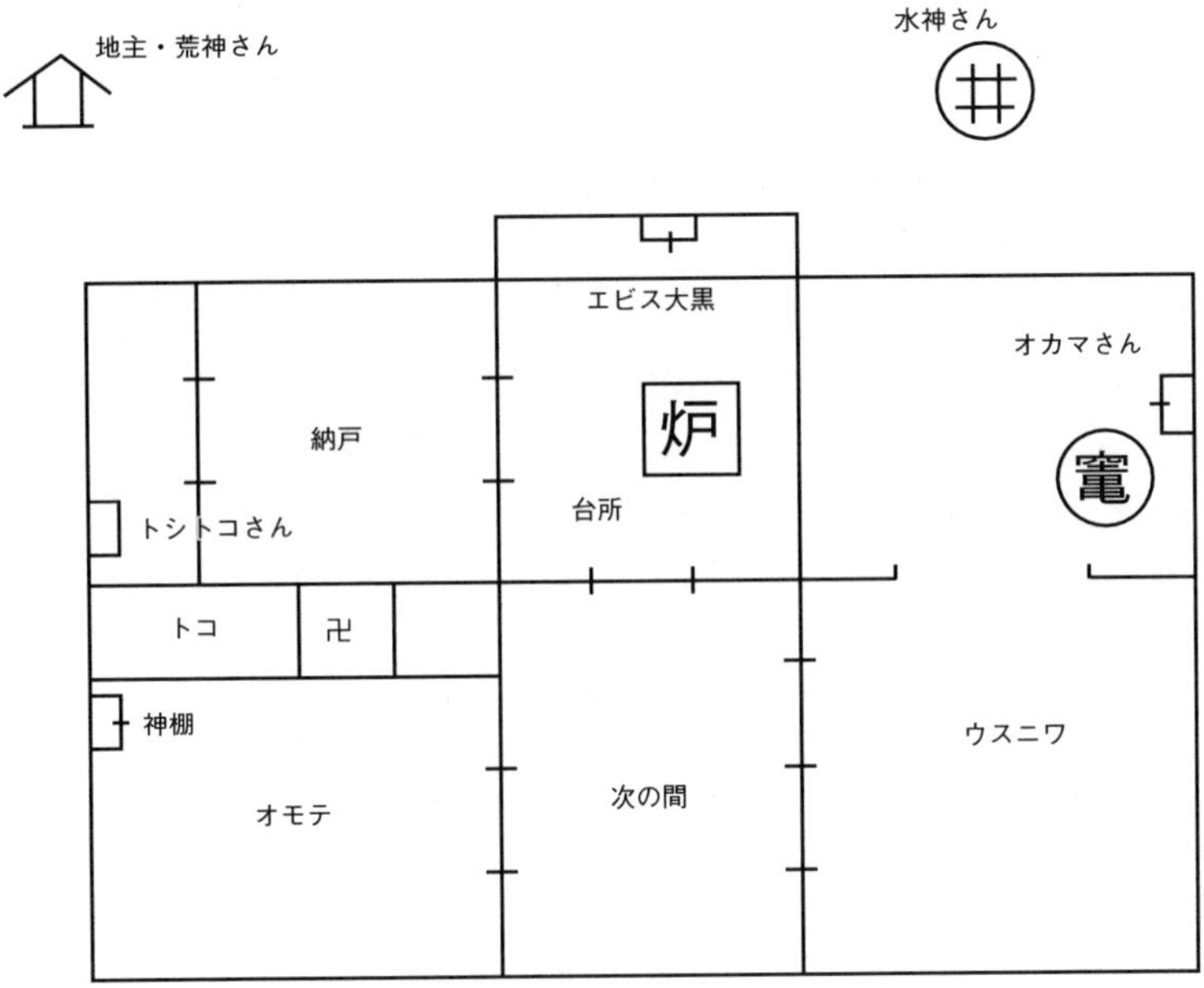

屋敷神・神棚の一例

　だいいち古代にまでさかのぼれば、一般庶民の家にはそう多く部屋数があったものではない。民家の建築は時代とともに発達してきたもので、古くさかのぼればごく少なく、最も古くは一間であった。だが、そのころでも火を焚《た》く所は必ずあった。だから家の中の神としてはカマドの神がまず古い。それが建築技術の発達によって間数が増え、かたがた貨幣経済の浸透によって富ということを考えるようになるにつれ、ここに招福の神としてエビス・大黒が一般家庭でも祭られるようになってきたものと考えられるのである。

　そういうことを私は昭和二十八年の『日本民俗学』二の二に書いて、このときのまとめとした。

表側の神々

屋内に祭る神棚としては、表側の床のあたりに祭るものより、内側の台所や部屋に祭るものの方が古いといった。では、表側の神棚はいつごろから始まったものであろうか。

表側に祭る神の中で最も高位の神は、いうまでもなく伊勢の大神である。その対象は「天照皇太神宮」と書く掛け軸や、大麻《たいま》といっている神札であって、これを床に掛けたり安置したりして拝む家が以前には非常に多かった。その場合には床を神床《かみどこ》といい、床は飾り物を置く所ではなく、拝むための祭壇と考えた。

ところが、生活様式が改まり、社交関係も変わってくると、オモテの座敷も自然接客本位にしておかねばならないことになる。そこで床の掛け物も神号から花鳥や山水に変え、立花《りっか》も観賞本位の生け花に変え、神さまは結局小さな宮型に納めて、これを長押《なげし》の上の棚などに置くようになってくるのである。

ところで、床に祭る伊勢の大神であるが、これはいうまでもなく皇室のご祖先である。しかし皇室だけの祖先神ではなく、今となっては日本人全体の祖先神であるということになって、だれもがつとめて伊勢へ参り、また伊勢の方からも積極的に大麻を頒布するようになってきているが、このように伊勢と一般庶民とのあいだが直接つながるようになってきたのは、実はそう古いことではなかった。

歴史をさかのぼってみると、少なくとも中世の初めごろまではむしろ逆であったことがわかる。それは、そのころまでは、伊勢の大神といえば上御一人《かみごいちにん》のご祖先であり、一般庶民が近づくのは恐れ多いという考えがあったからである。

鎌倉時代の『百錬抄』という書物を見ると、私的にひそかに大神宮を祭っていたことが発覚して、不敬の至りであるとして伊豆と隠岐とへ流されたという事件のあったことが記されている。それがそのころまでのいわば社会通念だったのである。

ところが、時代が下り、荘園を守る武士の力が強くなり、それが社寺領をさえ侵す時代になると、神宮といえども超然としてはおれなくなる。すでにその前から紀州熊野などでは御師《おし》を諸国に派遣して盛んに布教をするようになっていたが、やがては伊勢でもこれを始めるようになった。伊勢に次いでは富士・八幡・賀茂・日吉・祇園などの諸社でもみな始め出した。戦国時代の終わりごろになると出雲大社でもやり出し、その結果、出雲大社では近世末までのところで江戸以西日向に至る二十七カ国に配札するようになっていたといわれている。

さて、そうなると民衆の方からもそういう神宮・大社へ積極的に参ろうとするようになる。といっても、戦国の終わりごろまではまだ世情が不安であったから、よっぽどの者でないと参ることはできなかったが、近世に入ると一般庶民でも次第に道中の不安なく参ることができるようになり、その数が時代とともに次第に多くなってくるのである。

こうして、近世まで下がると、一般庶民の家庭でも神宮をはじめ各地の有名諸社の分霊を祭るようになった。しかしその神札は高位の神の御霊代《みたましろ》であるから、台所の隅や寝間の奥などに置くわけにはいかない。どうしてもオモテの床の間に置くということになる。ということは、見ようによってはこれをお客さま扱いにするということになるわけであって、ここにおいて家の中の神祭りの場が、表側と裏側ないし内側との二重構造になる、ということになってきたわけである。

時世がさらに変わり、今や台所や寝間の神棚は激減した。またカマド神は戦後の燃料革命以来、むしろほとんど見られなくなっている。けれども、家の中に神棚がないと不安だという気持ちだけはまだなくなったとはいえない。だから神棚はやはりあるのだが、それは多くの場合オモテにある。そしてそこには伊勢の大麻、氏神の神札、また参拝して受けてきた、あのお札このお守りといった神璽《しんじ》が主となって祭られているはずである。

屋敷神の調査

神棚の話をしているあいだに年代がどんどん下り、結局、今日ただ今のことにまでなってしまった。ここらあたりでもう一度あの神棚調査を始めた昭和二十年代ごろまでもどらねばならない。

神棚の調査を始めたとき、イエの神としては屋内の神のみならず、屋外の神もある。だから引き続き屋外の神の調査もしようということになった。

しかし、今度は内容がかなり複雑である。たとえば、荒神さんといっても、それが一軒の家の神となっている場合もあれば、数軒からなる同族全体の守護神となっている場合もある。さらに、同族関係とはかかわりなく、その地域全体の守護神、つまり広い意味でのムラの神となっている場合もある。それがみな「荒神さん」という言葉で一貫している。かと思うと、そこに「地主さん」という呼称もあっ

隠岐島後大久の地主さん
＝永海一正氏提供

て、一軒としての屋敷神や同族としての守護神は地主さん、ムラとしての共同の守護神は荒神さん、と使い分けている所も少なくない。

　だから、調査に当たっては、そこらへんをまずきちんとさせてからでないと、わけがわからなくなってしまう。それには対象を個々ばらばらでなく、まず集落の全体をつかむ。そしてそこにある三十軒なり五十軒なりの家々をみな具体的につかみ、その間の本末関係を明らかにする。その上でそこにある荒神さんなり地主さんなりを一つ一つ全部拾い上げ、そしてこれはムラ全体としての神、これはAカブ（同族体）ならAカブだけで祭る神、またこれとこれとは個人持ち、というふうにして、その祭祀《さいし》者をはっきりさせる。その結果ややこしくなれば表にしてまとめ、また地図にして表す必要もあろう。というような注釈をつけて、当時の出雲民俗の会の会員に呼び掛けた。

　やがて報告が集まってきた。しかし、率直にいってきちんとしたものがいたって少ない。一地区の全体をとり上げたことにはなっていても、それを表にしたり地図に落としたりまではなされていないのが多い。ただこの地方ではこうだという聞き書き程度のものがむしろほとんどであった。

　それというのも、そのころまでの民俗調査では、こういう作業をする機会がほとんどなかったからである。ただ古老を訪ね、昔はこうだったという、そのお話を聞くだけでよかった。それが民俗調査の常道であり、民俗調査とはそういうものだという考えで誰もが決めていたのである。そこへやにわに悉皆《しっかい》調査だ、表だ、地図だというようなことをいうものだから、誰もがめんくらうのは当然であった。

しかし、このたびはただ昔ながらの〝考え方〟を聞こうというのではない。荒神あるいは地主という神祠《しんし》が、戸別の神、同族の神、地区共同の神という、大きくいっても三つの形態をとっているが、これがどういう過程を経てこうなったものか、それを考えるためにはどうしてもこういう土地に即した調査が必要なのだということを説明して、重ねて協力をお願いした。

いろいろな曲折を経て、それでも昭和二十七年の終わりごろになると、東は鳥取県の八頭郡から西は石見の安濃郡（現大田市）、それに隠岐島の一部にかけての範囲における荒神・地主神の祭祀状況がわかるようになってきた。それでこれをまとめて『出雲民俗』十八号、荒神信仰特集として上梓《じょうし》した。当時のこととて印刷は手書きのガリ版印刷であり、ごく薄いものでしかなかったが、内容としてはこれがこの地方ではもちろん、全国的にも荒神・地主神調査に関してはほとんど最初のものだったはずである。

執筆者は蓮仏重寿、田中新次郎、土屋長一郎、堀井度、井塚忠、島田成矩、岡義重、石塚尊俊、石田隆義、壷倉武蔵郎、小脇清、三浦秀宥となっているが、この中の六人まではもうとっくに故人となってしまわれた。逆に若かったのは井塚、小脇、島田の三君あたりで、それでも井塚君はもうすでに卒業して教師になっていたが、小脇、島田の両君の稿の末尾にはカッコして「島根大学学生」と記してある。そのころのこれは話なのである。

信仰の分化と拡大

屋外神の共同調査を実施して、およそのところをつかんだ。しかし、まだまだわからないことがいっぱいある。そこで、この際これをもっと徹底してみようということになった。昭和二十八年の春、文部省に対して奨励研究の助成金を申請し、幸い認められたので、再び会員に対して協力を呼び掛けた。

今度は参加者も多く、前回の面々のほかに寺本二郎、宮永千冬、菅野清、長岡荘三、山根雅郎、桑原一雄といった方々の協力を得ることができた。調査期間を二十九年の二月までとし、みなそれぞれ一地区を担当し、できれば数地区を、さらにできれば、とびとびにでも一郡ぐらいの範囲を対象として調査するよう勧めた。

二月末、各人からの報告が集まってきたので、これをまとめて「出雲地方における荒神信仰の研究」として文部省に提出した。しかし、詳細な発表は学会として今すぐにはできないので、とりあえずは各人それぞれに、もよりのところでしておこうということにした。

それで、たとえば山根雅郎氏は「出雲における荒神信仰の地域差」を『山陰民俗』創刊号に、岡義重氏は「八束郡諸方荒神聞書」を同二号に、また井塚忠氏は能義郡布部村（現広瀬町）西谷における「同族と同族神」を同四号に発表した。

私自身は、同七号に「中山陰の屋敷神－特に祭祀団との関聯において」を発表し、これをもってこの時点でのしめくくりとした。

すでにいっているように、荒神には大きくいって三つの類型がある。すなわち各戸荒神・同族荒神・地区共同荒神の三つである。といっても、どこにもこの三つの類型があるというわけではなく、地区共同荒神はあっても、同族荒神はないという所もあり、またその逆もある。そしてこのように二重の荒神がある下になお各戸ごとにも荒神がある所と、そうでない所とあり、逆に各戸ごとにはあるが、同族としてのものはない、のみならず地区としての共同のものもないという所も珍しくない。

要するに、種々さまざまであるが、これはひっきょう長い間に変化した結果であって、最初からこのようにさまざまな形で出発したものだとは考えられない。ということは、この今見る形というものは、とりも直さず長年にわたる変化の過程を示すものだということにもなるわけである。

そこでこれを比較し、その間におけるずれを検討していくならば、自然この中でどれが古く、どれが新しいかもわかってくるわけであって、そうした操作を続けた結果、ここにわれわれとしてはいわゆる同族神、つまり開拓総本家の屋敷神を一族の者が共同で祭るという形のものこそ最も古く、最も基本的なものであろうと思うに至った。

遠い昔、荒地を開拓して住みついた一族が、その繁栄を願って神を祭った。以後一族はこれを守って結束を固め、世が変わってもその祭祀だけは絶やすまいとした。

しかし時がたてば、どうしても元のままではあり得ない。五代たち十代たちするあいだには、分家であっても本家に劣らぬ力を持つ家が現れてくる。そうなると、あえて本家を軽視するわけではなくても、それなりにやはり自家の立場を鮮明にしようとするようになる。そこでイエの神もやはり自家は自家で祭ろうとするようになり、めいめいがその屋敷内にも祭り出す。これが各戸荒神の発生であって、これを客観的にいうならば、イエの神信仰の分化ということになるわけである。

ところが、イエの神信仰はこういう方向に向かう一方では漸次拡大もしていく。それは時がたてば一族がいつまでも固まって暮らしていくことができなくなるからであって、発展すればするほど出て行く家が多くなる。するとまた入ってくる家もあるようになる。そこで何代かたてば、もとはある一族だけの守護神であったものが、他氏をもまじえたそのムラ共同の守護神になることもあり得るわけである。これはいうならばイエの神信仰の拡大であり、イエの神からムラの神への昇華ということにもなるわけである。

荒神調査の総括

『山陰民俗』七号で荒神信仰の分化と拡大の問題を考えた昭和三十年の夏、明治大学に事務局をおく地方史研究所の主催で出雲・隠岐調査ということがあった。

団長は滝川政次郎博士で、以下東大の駒井和愛、村田正志、早大の桜井勝彦、安藤更生、本田安次、慶大の利光三津夫、東京教育大の和歌森太郎、東洋大の田辺寿利、フリーでは城郭史の鳥羽正雄、甲冑《かっちゅう》の山上八郎といった学者・研究者が二十人くらいも来雲された。

そのとき私も在地の研究者ということで参加を求められ、民俗班に属して荒神信仰を担当することになった。ところが、そのとき民俗班の班長和歌森太郎氏が一日だけいて、あとはよろしくたのむといって帰ってしまったので、結局この部門は私一人でまとめねばならないことになった。

まとめるとなると、もう一度歩かねばならない。それまでの経験で古形は平坦《たん》地より山間部にあり、それよりも出雲でならば島根半島の北岸地帯に多いことが分かっていたので、夏休みのうちに加賀、野波、千酌、福浦と歩き、秋から初冬にかけて、土曜・日曜日を利用して今の平田市の西地合、東地合、松江市の魚瀬、六坊、新庄、美保関町の菅浦、片江、七類、法田、諸喰、雲津、美保関、森山と歩き、そして弓ケ浜に渡って米子市の富益を歩いた。

歩けばそれなりに未知のものが見つかってくる。純粋の同族荒神も少なくなかったし、それが崩壊して地区共同荒神に踏み出しているもの、さらに完全な地区共同荒神になりながら、なおここの荒神は本当は草分け何某家の荒神だったという口碑を残している所も、二、三ならずあった。また各戸荒神の多い地方で、分家の荒神は本家の荒神を分けてもらったものだという伝承を残している所もあって、いわゆる分化・拡大の方向がそういう事例を並べるだけで分かるようにもなってきたのである。

そこでさっそくにも報告をまとめようと思うが、なかなか本部の方から枚数と様式に関することをいってこない。結局

荒神まつり、わら蛇奉納（出雲市下横、昭和28年）

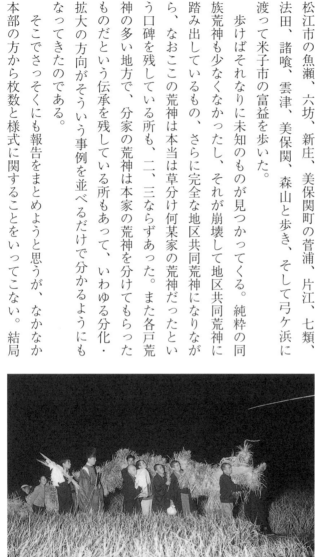

いってきたのは七年もたった三十七年だったので、その間図らずも補充調査を存分に重ねることができた。

その原稿は昭和三十八年六月、平凡社発行の『出雲・隠岐』に収まったが、もちろんこれを書いたからとて、この信仰に関する問題がすべて解決したというわけではない。

何よりも大きな問題は荒神という言葉の問題である。これはいうまでもなく「荒々しい神」、仕え様が悪ければ祟《たた》られる神という意であるが、いま古典にさかのぼってみると、アラブルカミという言葉がしきりと出てくる。それを『古事記』では多く「荒振神」と書いているが、『日本書紀』では「荒神」と、「振」の字を抜いて書いている。けだし荒神の語はここに始まり、下って中世になり、修験《しゅげん》・陰陽師《おんみょうじ》などが活躍する時代になると、かれらはこれを音でコウジンと読み、威力たくましい、祟りのはげしい神の代名詞とした。

家の中で最もその祟りに留意しなければならない神は火の神である。だからカマド神をまず荒神というようになった。しかし地方によってはカマド神はそのままオカマさんと呼び、荒神の語はもっぱら屋外の土地の神にあてている所も少なくない。出雲以東の山陰各地などはそうである。

そのように土地の神を荒神と呼ぶようになった事情は必ずしも明白でないが、あえて想像すれば、その祟りやすい威力をもっぱら外に向け、いわば外敵防衛の任に当たってもらおうという気持ちからのことかもしれない。

いずれにしてもそれは修験・陰陽師らが活躍するようになってからのことで、それまではこれをただ土地の主《あるじ》という意味で地主神といっていたのではないか。だから今でも「荒神」よりこの「地主」という言葉の方を多く残している地方は、それなりに古風であるといえるのではなかろうかと考えた。

人が神になる祭り

昭和十六、七年ごろの話である。『雲陽誌』の中から金屋子神関係の記述を拾い出していると、あちこちに客神・客明神・客大明神と、「客」の字のつく神祠《しんし》の多いことが気になった。

表にしてまとめてみると、出雲の国の全体では六十二祠もあり、特に能義、八束、松江、大原地区に多い。祭神についてはあまり記されていないが、記されている中では武御名方神というのが多い。祭日はばらばらである。しかしそれをなぜ「客神」と、お客を意味する言葉で呼ぶのかはどこにも記されていない。

たまたま手元にあった中山太郎氏の『日本民俗学辞典』を見ると、客神とは、すでに在来神がある所へ後から迎えてきた神が発展したため、在来神の方を客分として祭り上げたものだという意味のことが記されていた。

しかし、これだと客神のある所にはそのそばにこれより新しく、しかし大きい神祠がなければならないことになるが、『雲陽誌』に拠《よ》る限り、どうもそういう例は見えてこない。若干歩いて聞いてみても、たとえば客神とは昔どこかから流れつかれた神だとか、あるいは出雲のいわゆる神在祭のときに郷里へ帰りそびれなさった神だとかいうような伝承は聞かれたが、これだとむしろ中山説とは反対になる。

北浦の客神祭。宮司がお神酒を献ずる（昭和38年）

そこでこれはもっと広い立場から見なおしていかねばなるまいと思ったが、ころは戦時中、簡単に出歩くことができず、文献もない。それで、たまたまそのころ交流のあった岐阜県高山の江馬三枝子さんが主宰される『ひだびと』から何か原稿をくれぬかということがあったので、それにざっとしたことは書いて送ったが、本格的なことはいずれ改めてということにしておかざるを得なかった。しかし、その改めてがなかなかできず、結局、今日まで何もしていないのである。

ただその間、昭和三十八年の十月であったが、この客神の祭りが今も続いている美保関町の北浦で、爾佐神社の塩田延美宮司のお世話になって、その祭りの様子をつぶさに拝見させていただいたことがあった。それが日本の祭りとしてたいへん重要な要素を持つものだったので、それをここで報告しておきたい。それはこの祭りの中に氏子の一人が神になり、神職がそれに向かって祝詞を上げるというくだりがあることである。

この浦では全六十五戸の氏子が十一の組に分かれているが、それが年々輪番で頭屋に当たり、そのうちの一軒を宿として祭りをする。それがきまると頭主は組内で心身ともに健全な者を一人「花迎え」に指定する。その花迎えの役の者が神になるのである。

十月五日の朝、花迎えは頭屋の宅へ行って潔斎をし、お神酒をいただいて単身花迎えに行く。行く先は枕木山の奥の方だという。花とはいうが、これはフラワーではなく、ハナノキすなわちシキミであって、それを数本切って来て、いちおう客神の森に納める。そのとき、その姿を見るとたたりがあるというので、以前にはだれもが外へ出ないようにしたものだという。

祭りは夜、改めて行われる。頭屋の座敷の床の前にむしろを敷き、その上に潔斎をした花迎えが口にサカキの葉をふくみ、手に剣先幣を持って、床を背にし、つまり上座から下座へ向かって座る。その前に八脚《やつあし》を置き、米、塩、お神酒を供える。そこへ神職が出て来て、その花迎えに対面して座り、まず降神、すなわち神おろしの詞を唱え、祝詞を奏上し、終われば昇神、すなわち神上がりの詞を唱える。その間花迎えはただじっとしているだけである。

いってみればこれだけであるが、それにしてもこうして氏子の一人が神になり、神職がそれに向かって祝詞を上げるというような形はもうどこにも、少なくとも山陰には残っていない。おそらく昔はそこで花迎えが神がかりになり、託宣を発するというところまでいったものではあるまいかと思われるが、それはもうなくなっている。

祭りはその後も続き、翌日の昼前になって終わるが、とにかくこれは、日本の祭祀伝承の研究上きわめて注目すべき伝承であると思われた。

なおその後、客神という名の神祠は隠岐の、ことに島後に非常に多いことがわかった。そしてここではそのお祭りが「客祭り」という名で盛大に行われている様子もわかった。たずねてみるとその祭神はすべて牛頭天王《ごずてんのう》であったから、疑いもなく京の八阪の祇園《ぎおん》信仰の流れであると感じられたが、それと出雲の客神、また山陽あたりにも点々とは見られる客神との関係については、まだいっこうに明らかでなく、私自身も取り組んでいない。

余白録3　はがき・封書の話である。私は七十年前の昭和四年、小学校の五年生のとき、親類の子から「タカちゃん、各科のけんきゅうといふ本は、どこで買ったらよいか、しらせてください」というはがきをもらったのが、はがきというものをもらった最初であった。そのとき以来、私信でも広告や選挙の推薦状、また会合の出欠回答などはすぐ処分してしまうが、そうでないものは、いずれ整理するときがあろうからと、みなこれを年次別に括《くく》って、ダンボール箱に入れて保存しておいた。

しかし、その整理がなかなかできないまま、だんだんかさばり、虫もつくようになってきたので、ついに昨年の暮れ、書庫を改造した機会にざっと見て、格別なものだけは残したが、あとはすべて焼却してしまった。時間があればくわしい分類、たとえば発信地別とか、職種別とかの分類までしておきたかったのだが、そこまでのことが結局はできなかった。しかし年次別に集計することだけはできた。

それによると、来信数は、昭和四年から九年までのところで百七十一通、十年代に千七百十五通、二十年代には三千百六十通、三十年代には九千三百八十九通、四十年代には八千八百二十五通、五十年代には一万三百四十八通、昭和六十年から平成九年までのところでは八千六十三通、この合計四万一千六百七十一通となっている。このうち一番多くいただいているのは祝宮《はふりみや》静《しず》先生からで、はがき・封書合わせて百八十四通であった。なお柳田國男先生からは、戦地でいただいて復員のとき没収された二通を含めて二十六通いただいている。

六　歳時習俗を考える

正月さんはどこから

第六稿は歳時習俗である。つまり年中行事である。

これは、古くて新しい問題である。古いというのは、これが民俗研究の中で一番早くから始まった部門の一つだからであり、新しいというのは、今や行事そのものがどんどん姿を変えつつあるので、その変わる方向へ向かっての新しい研究が必要とされるからである。

もちろん習俗の変化ということはいつの時代にもあったことで、変化に次ぐ変化をもって進んできているわけではある。しかし以前にはその変化が今日とは比較にならぬほど遅かった。そして以前、交通、通信が不備であったころには、方々にいつまでも古い習俗が残っていた。そのため地方差が大きかった。だからそういう各地に残る新旧さまざまな段階の習俗を採集して比較し、その新旧の順序を考えてゆけば、それによって文献では知ることのできない、日本人の暮らしの流れが復元できた。

そういう作業がおよそ大正の初めごろから始まっていて、われわれが民俗学会に入った昭和十年代には、もうだいぶ体系立てられていた。けれどもまだ全国的な調査は必要だったので、あのころには学会の機関誌でも部門ごとの特集がたびたび行われた。

その一環として昭和十八年、『民間伝承』の八巻九号・十号で正月行事の特集が行われた。いま取り出してみると、執筆者は柳田國男先生をはじめとして桜田勝徳、堀一郎、和歌森太郎、倉田一郎、和田文夫、今野円輔、大森義憲、向山雅重、坪井忠彦、長岡博男、桂井和雄、宮本常一氏ら三十数人、地域は一応全国にわたっている。

その中に島根県の会員が偶然三人も名を連ねている。一人は今の斐川町の岡義重氏、一人は日原町の大庭良美氏で、いま一人は私であった。当時は岡氏もまだ五十歳前、大庭氏は三十代半ばであったろうか。それだけにみな整然とした稿を出しておられる。

私はそれこそまだ駆け出しで、調査にもやっと出たばかりというころであったが、題名だけは大きく「出雲の正月」としている。しかしその中で報告した「出雲の正月さんの歌」だけは、それまでまだ誌上に報告されたことのないものであった。

われわれが子供のころには、正月が近づくと、子供たちがよく正月さんの歌というものを歌った。それは、

「正月さん、正月さん、どこからおいでた。三瓶の山から、みの着てかさかべって（かぶって）コトコトおいでた」

あるいは「豆腐の下駄はいて、線香の杖《つえ》ついて、コトコトおいでた」

また「羽子板腰にさいて、矢壷《やつぼ》を杖について、コトコトおいでた」

というものであった。

このような正月さんの歌というものはもともと、どの地方にもあったもので、それを採集して報告す

ることもあのころにはしきりと行われていた。私はたしか折口信夫先生の講義でこれを聞いて、ああそうだったと思い出していた。それをこのとき報告したのである。

正月さんは遠くから来られる。とくに高い神聖な山から下りて来られる。そのときいろいろのお土産を持って来られる。だから正月の年飾りには大根・かぶ・だいだい・じんば（ほんだわら）・するめなどいろいろの物を取り付けるが、あれは人が神への供物として取り付けるものではなく、実は神の方からのお土産という気持ちであ あしておくものだということも折口先生の話にあったはずである。

ところで、それから十数年たった昭和三十四年であったが、未来社の民話シリーズの一冊として『出雲の民話』というのをつくったとき、その中に民謡も入れてくれということだったので、これも入れた。

するとその直後であったが、街を歩いているとラジオから少年合唱団によるこの歌が聞こえてくる。はて、あの歌は私しか発表した者はいないはずだが、と思って聞いていると、最後に「編集は島根大学の篠原さん」といった。ははあ篠原実先生ならばこれをとり上げられても不思議はないが、それにしても節が違う。編曲されたのではイメージがぶちこわしになると思ったことである。

ガガマが来る

正月になると年神さまが来られる。盆になれば精霊《しょうりょう》さんが来られる。これはもちろん信仰であって、目に見えることではない。そこで昔はこれを、人が扮《ふん》して形に現すという努力をした。

今でもいわゆる発展途上国の奥地などでは、村の大事な祭りのときに、選ばれた若者が先祖の神の姿になって現れるという行為をする所が少なくないが、ああした慣行が昔は日本列島にも多々あって、それから少し変容したものならば、今でもまだ点々と残っている。

沖縄の先、八重山群島の石垣島では、盆になると村の青年が爺《じじ》、婆《ばば》の面をかぶり、ばしょう布の着物を着て家々を訪れる。これをアンガマといい、遠い霊界であるニライカナイから来た先祖であるとして歓待する。

同じ八重山でも西表《いりおもて》島や小浜島・新城《にいぐすく》島、また石垣島でもずっと北端の集落などでは、これをもっと素朴な形で行っている。時季は旧六月の豊年祭りのときで、アカマタ・クロマタといい、厳選された青年が二人、奇怪な面をかぶり、身に山ブドウの蔓《つる》をまとって現れる。これを土地ではやはり神として扱い、今でも写真をとることなどは厳禁している。

奄美群島の北に連なるトカラ列島ではポジェといい、悪石島では盆に、中之島、平島では正月に、小宝島ではヒチゲーといっている十二月の祭りに現れる。異様な面をかぶり、身にビローの葉をまとって現れるが、こういうふうに、現れるものがすべて異様な格好で出てくるのは、神は畏《かしこ》いものだという考えからきているとされている。

トカラ列島の北、硫黄島・黒島・竹島の三島ではメンといい、旧八月の八朔踊りの行事となっているが、その北の甑《こしき》島ではトシドンといい、大晦日《みそか》の夜の行事となっている。やはり村の青年が手製の奇怪な面をかぶり、身にみのをまとって現れる。そして子供のいる家を一軒一軒訪れ、子供に対して悪いことをいましめ、良いことはほめ、最後にもちを与える。これをトシモチといい、トシ神からトシをもらうことだとしている。

本土の方ではさすがにもう少なくなっているが、それでも秋田県の男鹿半島、岩手県の南部地方、石川県の能登半島などに少しずつは残っている。そのうち有名なのは男鹿半島のナマハゲで、もとは小正月の行事であったが、今では大晦日の夜の行事となっている。やはり村の青年が、ここでは青鬼・赤鬼の面をかぶり、みのを着、木製の包丁を持って現れる。そして「泣く子はいねえかー」といって一軒一軒訪れ、行儀の悪い子をたしなめる。それがここでは今や観光行事のようになってしまった面もないではないが、本来これはけっして見ておもしろがるべきものではなく、遠来の年神として謹んで迎えるべきものであった。

こういうことが山陰ではもうないであろうと思っていたところ、なんと一カ所あったのである。

昭和三十五年の正月、島根半島の正月行事の調査に出向いて、島根町の野波に行ったとき、日御碕神社の朝倉幸事宮司のお宅でこれを知った。

元日からの行事をいろいろ聞いたところで、正月中何かこわいものが来るということはありませんか、と伺うと、ここにはないが瀬崎にはあるといわれる。正月八日の晩、夜半になると青年団の団長がお供をつれ、神社に上がり、拝殿に置いてある獅子頭を持って下がり、それをかぶって八十一軒の家々を全部まわる。そしてだまってすっと上がり、そのままオモテの年神さんの前まで行き、そこで年飾りに向かって獅子頭をパクパクさせる。そしてまたすっと出て行く。これを一軒一軒全部してまわるのだが、そのとき家人はもう寝ていなければならず、寝たくなくても布団に入って寝たふりをしていなければばならない。子供などには、そらガガマが来るぞといって早く寝かせる。ガガマとはこわいものという意味だというのである。

　そこで一晩泊まってその様子を実見したが、それはまさしく年神の来訪を具象する行事であり、しかも見せものにはなっていない真剣な行事であった。

瀬崎のガガマ。（上から）神社から下りて来る。戸を開けて入る。オモテの年飾りの前
（昭和35年）

神になり代わり来る

正月神の来訪を青年が代わって演ずる所はもうそう多くないが、子供たちがこれを行う所ならば、多分にお遊びになりつつも、以前には方々に残っていた。

それを出雲・隠岐・伯耆・因幡・美作・備中などではホトホトあるいはコトコトといい、備後・石見以西の中国地方から北九州の一部にかけてはトロヘン・トロヘイ・トノヘイ、あるいはトラヘイ・トイトイなどといっていた。

やり方は大体同じであって、正月の十日ごろから十五日のトンドまでのところで、子供たちが宿に集まり、まずわらで馬の形のものをつくり、それにひもをつけ、袋をとりつける。そして日が暮れるとそれを持って一軒一軒まわり、門口に立って「ほとほと」と唱え、そのわら馬を投げ込む。すると家の者が「あ、ほとほとが来たぞ」といって、そのわら馬の袋にもちや菓子などを入れて返す。

こうして子供たちは次々と家々を訪問するわけだが、そのとき家の方から子供たちのすきを見て水をぶっかける。子供たちはそれを承知しているので巧みに避けて、わら馬を引き寄せて持って逃げる。そのスリルがあるので、これが正月のあいだの遊びとして明治にはもちろん、大正・昭和になってもまだあちこちで行われていた。

しかし、これももとをただせばただのお遊びではなく、やはり神になり代わってする神聖な行事であって、わら馬は神の乗り物であり、家の方から差し出すもちや菓子はその神からの祝福に対する供え物であったと考えられている。

そのことを最初に解明されたのは、やはり柳田國男先生であった。大正十三年の『教育問題研究』に「神になり代りて来る」という題でそれを説いておられる。

その中で先生は、今もあちこちに、いわゆる言い草としてではあるが、七つまでは神のうちという伝承があること、また幼児のうちに死んだ子の魂はこれを死霊とはせず、早く生まれ直って来いよといって家の近くに埋める習慣があったこと、さらに神幸のとき小児を神馬に乗せ、これを一つものといって神の依代《よりしろ》とする風があることなどをその根拠としてあげておられたが、その後この見解は多くの同志によって継承され、補充され、今では動かぬ定説となっている。

ただ、そうなるころからその残留が次々と姿を消しつつあり、やがて戦争がむずかしくなると、世情のきびしさとともに、これも急速になくなっていった。

ちょうどそのころから私などは民俗学会に入ったわけであるが、学会で聞いて興味を持ち、まずわが家で聞いてみると、明治三年生まれの祖母は町がかった所での生まれだったためか、このことを知らなかった。ところが明治三十年代生まれの母は、父親が、つまり私にとっては祖父が、廃藩置県以来教師になって主として山間部の小学校を転々としていて、母もそのころ、今の出雲市の見々久で育っていたので、このことをよく記憶していた。

それで母からこれを聞いてとりまとめ、昭和十四年一月の『民間伝承』四ノ四に発表した。まだ学生だったので、住所は東京となっているが、これが私が正月行事に関して機関誌に報告を出した最初であった。

以来六十年、あのころでさえほとんどなくなっていたことだから、今となっては、もう老人の記憶としてならばともかく、その実際が残る所はあるまいと思っていたところ、七、八年前であったか、広島県の山県郡だったか高田郡だったかの山里で、子供たちにいい夢を与えるというところから、これを復元したという新聞記事が出ていたことがある。

ところがまた去年（平成八年）の三月であったが、今も放映しているNHKの「ふるさとの伝承」で、飯石郡の頓原でやっているところが放映された。もちろん復元で、いわゆるやらせでやっているのだから、あれ以上しようがなかったであろうが、それにしてもいかにも型にはまった、まことに礼儀正しいホトホトではあった。

年中行事の復元はいいことだが、むずかしい。何事でもそのこと一つで消長することはないわけだから、やるならばもっと総合的に整えてかからねばならない。百尺竿頭《かんとう》一歩を進めた考究が望まれるのである。

正月三日の客

昭和六十二年のある日、出雲市大津町の自治協会長と公民館長とが来られて、大津地区の町史をつくってくれといわれる。他に仕事がないわけではなかったが、こちらも若いころから歴史をやってきているものとして、いつかは地元の歴史もまとめてみようと思ってはいた。さればちょうどよい機会だと思って、これを引き受けた。

ところが、これがえらい仕事で、せいぜい二年くらいと見当付けて始めたのが、とうとう七年もかかってしまった。それというのも予想以上に資料が出てきたからである。ことに一番の旧家である大上《おおがみ》こと森広厚造家から出されてきた資料がよく、政治、経済、文化の万般にわたって、量的に膨大であったのみならず、質的にも、地方ではもちろん全国的にも稀《まれ》なものが少なくなかった。

そのおかげで、どうにか全体を体系立てることができたのであるが、その森広家から出されてきた記録の中に「森広家年中規式」と題する、およそ近世の中ごろのものと思われる同家の年中行事を記したものがあった。その中に妙な記述があった。

「元三」とあるが、これは元日から三日までという意味である。夜ということも入れていえば大晦日の晩から三日の夕方までということになる。この三日間はよそへ出て泊まらない。よそから人が来ても泊めない。しかし三日の晩になると、「泊まり初め」といって、その年のあき方、すなわち恵方からわざわざ男女各一人を呼んで来て泊まらせる。そして雑煮を出し、酒を出してもてなし、翌日帰すときには祝儀として銭三十文と扇子三本ずつを渡す、というのである。

まことに妙な話で、大晦日の晩から三日の日暮れまではよそへ出て泊まらない、よそから人が来ても泊めないというのは、この期間が年神を祭る重要な期間だからである。

ところが、その重要な期間がすんだからとて、今度はわざわざ他人を呼んできて泊まらせるというのはどういうわけか。しかもそれは毎年々々その年の恵方から呼ぶというのであるから、毎年決まった人間が来て義務としてすることではない。その年、その年、森広家の方から声をかけて、森広の家の儀礼として行うことなのである。だからこれはやはり信仰行事であったとしか考えられない。

そこで、どこかほかにもこういう事例はないものかと、以後いろいろ当たってみているが、今のところどこからも見つかってこない。

けれども、こういうことがひょっこり思い付かれるわけはない。仮に森広家に思い付きのいい人がいて、それがやらせ出したことだとしても、それが年中の規式として定着するためには、そこにやはり社会通念として彼我ともに納得する背景がなければならない。それがあったからこそ、この時代こういうことが続いたのである。

というふうに考えると、このたった一例からしていうのは心もとないが、それでもやはりこれは、この稿の初めからいってきている、年頭における聖なる神の訪れということを形に現す努力によるものだとしか考えられない。

それにしても、これは毎年その年の恵方に当たる所にいる者を男女一人ずつ呼ぶというのであるから、よほどの大家で、今年はお前とお前と来てくれといえば、はいといって来る者、それは当然名子・出入り者として終始出入りしていた人たちであったろうが、そういう人たちが屋敷からいってどの方向にもいるというほどの家でないとできることではない。森広家には、それがいたからこそできたわけであるが、同様の家はここ大津には少なくても、全国となれば多々あったわけだから、丹念に探せば、あるいはまだほかからもこういう事例が出てくるかもしれない。

とにかく、年神の来訪を形に現す行事が、ムラとしてガガマやホトホトのような形で行われるとともに、特定の家にはその家としてのことがあったということをも考えてみなければならない。

なお、来訪する者が男女の二人というのは、あの高砂の爺婆のように、神は翁《おきな》・嫗《おうな》二体の姿で出現ましますという考えによるもので、年神に供えるもちが二重ね、膳《ぜん》が二膳であるのもこれによるのである。

極寒のみそぎ

正月行事の調査は、民俗調査としても早くから始まっていたが、それでも終戦前後ごろまではまだ調査候補地ともいうべき所が多分に残っていた。その一つに出雲の島根半島北岸地帯があった。つまり西は日御碕から東は美保関に至る、いわゆる四十二浦をはじめとする浦々であって、この一帯は今でこそ道路が整備され、隣接の浦々とも、また南の農村地帯とも往来が容易になったが、およそ昭和四十年代の末ごろまでは大部分の浦々がまだ多分に孤立していた。だから、住民の多くはただ昔ながらの沿岸漁業と、それこそ耕して天に至るほどに切り開かれた山肌の段々畑での耕作とを主たる生業とせざるを得ない状態にあったのである。

しかし、それだけにここには、同じ出雲でも農村部ではとっくに失われた古きよき伝統行事が大切に保持されていた。正月の年神祭の仕様もその大なるもので、これが学問としても早くから注目されていた。

それを指摘されたのは、やはり柳田國男先生であった。昭和十八年、神社精神文化研究所での講演を

宮下ろしの朝のみそぎ（平田市小伊津、昭和35年）

もとにまとめられた『神道と民俗学』の中で次のようにいっていられる。

「私たちがこの出雲海岸の歳神祭に興味をもつわけは、是《これ》が現在我々の民間年中行事といふもの、即《すなわ》ち節供とか正月とかの家々での慣習と、神道史の諸君の神祭りと謂《い》って居られるものと、ちょうど中間の橋渡しになって居ることで、是あるが故に日本の節日が、もとは神道の領分であったことが、推測し得られるのであります」

そういうわけで、この地域の正月行事には民俗学界でも早くから関心が持たれていた。しかしなにぶんにも交通不便な時代であったから、これを総括的に調査することはなかなか容易でなかった。それでも現在の鹿島町の片句と平田市の北浜地区とに関しては、昭和十年代の中ごろ宮本常一氏や瀬川清子女史らによって聞き出されていたが、それはしかし、まだその実際を見ていない、いわゆる聞き書きの記録にすぎなかった。

そうした状態が一挙に改まったのは戦後の昭和三十五年であった。この年、島根県教育委員会で文化財保護委員会、今日いう文化庁の補助のもとに島根半島を中心とする正月行事の記録を行うことになり、その仕事が実は当時専門委員であった私に委嘱された。それで私がこれを行うことになり、その年の新正月と旧正月との二度にわたって見て歩いたのである。

といっても、行事はどの浦でも大体同じ日に行われるので、各行事を多くの浦々についてみな見て回るというわけにはいかない。そこで事前に文書によって各浦々の様子を聞いておき、それによってこの行事はこの浦、この行事はこの浦、とそれぞれ重点地区をきめておき、それに従って飛び歩いた。午前中小伊津へ行って午後は坂浦へ行く、夜にはまた小伊津に帰る。あくる日には東へ飛んで八束郡の御津へ行き、夜には野波へ行って泊まるというふうに、それこそ東奔西走したわけである。それを所々はバスや電車も利用するが、おおむねは歩いて回らねばならなかったから大変であった。若かったからこそできた仕事であった。

調査の結果はその年の三月、島根県教育委員会から報告書として公刊され、のち四十二年あらためて文化庁からも、これは岡山県の分と一緒にして公刊されているが、今とり出してみると、若年の観察であるだけにやはり見方が浅い。しかし、時の流れはその浅い観察による内容でも、もうこれを実見することはできないまでに形を変えてしまっているのである。

何よりも残念なことは、潔斎《けっさい》があいまいになってきたことである。これがあのころでさえゆるみ出していたのだから、今となってはもうこれを求める方がむりかもしれない。

あのころにはそれでもまだ深夜海中に飛びこんで禊《みそぎ》をするという所が残っていたが、それを実見したのは小伊津であった。十一日、年神さんの神輿《みこし》を御宿《おんやど》といっている頭屋《とうや》へ下ろすという時、若者が午前三時に起きてまっ裸で海に飛びこむ。寒中の荒行で、それはまさに民間の年中行事というより厳粛な神道行事だったのである。

年神祭の次第

さて、潔斎とか頭屋とか宮下ろしとかいったが、これをわかってもらうためには、この地域の正月行事がすべて地区を単位とする集団行事として、かつ頭屋を祭場とする年神の祠《ほこら》の祭りという形で行われていることをいわねばならない。

この地域には地区ごとに年神さんの祠というものがある。それはもともと出雲のほぼ一円から伯耆西伯郡にかけてのあたりにずっとあったものらしいが、西の方からだんだんなくなっていって、今では半島部と八束・能義地方および弓浜の一部くらいにしか残っていないと思われる。

祠は多く氏神さんの境内にあるが、氏神さんの鎮座地でない集落では、適当な所にただ祠だけがぽつんと建つという形になっている。その中にはただ神輿が納まっているだけであるから、これは祠というより神輿置き場といった方がよいようなものだが、そうであっても人々はこれを年神さんのお宮と呼び、ことに神社の境内にある場合には、他の末社に対すると同様ここへもやはり参る。だからここから神輿をとり出してするトンド行事は、結局この年神の祠の祭りという形になるわけである。

頭屋は一年交代の輪番制で、神輿を迎えて連日神事につとめるが、その実際を担当するものは地区の若連中、明治以後では青年団の人たちであった。それが今や時勢とともに解体したので、今ではこれを続けている所でも、多くは老年団、つまり昔の青年団が子供たちを指揮して行うという形になっている。そうかと思うと、もうずっと以前から若者はこれをせず、といって年寄りがとって行うこともせず、結局は子供らが半ばお遊びの形で行うようになっていた所もないではない。

そうした中で、昭和三十五年の時点でどこよりもその姿勢が正しいと思われたのは小伊津であった。ここではあのころ毎年十一月下旬から隠岐へ出漁し、正月直前に帰ってくる。そして大晦日《みそか》から元日、二日はめいめいが家で正月を祝うが、三日になると初寄りといって頭屋に集まり、地区としての集団行事の打ち合わせをする。

行事は五日の竹迎えから始める。早朝、全員が出そろい、トンドの心《しん》にする大竹二本と、支柱にする細竹若干本、それに頭屋の門先に立てる門松用の若松二本とを取りに行く。それを竹取りとか松切りと

年神さんの御練り（小伊津、昭和35年）

かはいわず、竹迎え、松迎えと表現するのは、この竹・松が神の依代《よりしろ》になるからである。だから切るときにもまずお神酒を供え、歌を歌い、念じてから切る。担いで帰った竹・松は一応神社の境内にねかせておく。

こうして竹迎え・松迎えがすむと、六日は頭屋のしめ打ち、七日は門松立て、八日は飾りものつくりで、神輿につけたり、また神幸のときに持って歩く飾りものをつくる。一方、各戸から米を集め、九日になるとこれをかし、一日おいて十一日の未明宮下ろしをする。つまり前回いったように未明に起きて禊をし、神社境内の年神祠から神輿を頭屋におろすのである。そして夜が明けるともちつきであるが、このとき神輿に供えるもちだけは若者頭《がしら》が肩衣《かたぎぬ》を着け、口紙《くちがみ》をし、つまり息がかからぬようにしてとる。

こうして準備が整うと、十二日の夜には清めといって、若者が大幣を持って地区内の各戸を祓《はら》って歩く。祓い役が入って行くと、どこの家でも家族がみな前に出て静かに祓ってもらう。それが一通りすむと、みんなが頭屋に集結し、神輿の前で神楽を舞う。神楽はふつうの出雲神楽であるが、このようにトンド行事の中で神楽を舞う風は坂浦・唯浦（美保）・塩津・地合にもある。

一夜明ければ十四日である。いよいよトンドの日であって、朝からまず浜辺に出てトンド竹を立て、近くに仮屋をつくる。そして午後いよいよ神幸である。神輿をまず仮屋に移し、そこで呼び出しその他の次第を経て神輿練りを始めるが、そのとき神輿担ぎと棟札持ちの頭屋の主人とはやはり口紙をする。神幸はあのワッショイ、ワッショイではなく、終始無言で粛々《しゆくしゆく》と進めるのであって、そこを柳田先生は全国でも稀な年中行事だといわれたわけである。

神輿が一巡して帰るとトンド竹に火をつけ、翌日神輿を祠に返し、これで終わりとする。

お仮屋とグロ

正月行事を年神さんの祠の祭りという形でする所は、出雲の北東部から伯耆の西部にかけてにしか見られないが、頭屋《とうや》に持ちまわりの小宮を安置し、これを祭祀《さいし》の対象として地区共同でもちつきをし、トンドをして仕上げるという所ならば大田市の中心部にも残っている。

今ではやや減っているらしいが、元は各町内ごとにあった。輪番で頭屋を定め、三日ごろからその店先を開放し、正面に小宮を安置し、小宮のまわりに魔祓いの面を掛ける。この地方には、男の子が生まれると母親の里などから、ちょうど出雲で昔は天神さん、今はおひなさんを贈る風があるように、荒神や猿田彦の面を送る習慣があるので、大抵の家にその面がある。それを借りてきて飾るのである。そして、前にお神酒を供え、子供たちが集まっておとぎをする。

やがて五日になるともちつきをする。それをここでは道路上で行い、臼《うす》に綱をつけて子供たちに引っ張らせ、つく者はそれを追いかけながらつく。やがてつき上がると、そこへ盤台を持ち出してまるめるというふうにする。それが一つの見もののごとくになっているので、お仮屋といえば多分に楽しいお遊びだという印象がある。

しかし、もともとこれはその「お仮屋」という言葉が示すように、来臨する聖なる神を祭るために、そのときだけ臨時に設けるけがれなき仮屋の行事として出発したものであった。だからここでも古くはもっと複雑な手順があったに違いないと思われる。

もちつきが終わるとその晩、前もって立てておいた心竹を中心にしてトンドをするのである。

この大田のお仮屋行事とともに、近年急にまた新聞やテレビでとり上げられだしたものに同市五十猛のグロがある。

グロとはふつう石や土や柴草などを小山のように積み重ねたもののことをいうが、五十猛ではトンドの心竹の根元につくる円錐《えんすい》形の小屋状のものをグロといっている。

トンドの心竹の根元に家々から門松やしめ飾りを持ち出して積み上げ、それだけでは足らぬので、補助材として竹やむしろなども持ち寄り、中を空洞にした円錐形の室《むろ》をつくり、その中に子供たちがこもる。

こういう習慣を持つ所は東日本に多く、特に信州・甲州に多いが、西日本にはほとんどない。それが大田市の五十猛にあることを知ったのは、やはり昭和三十五年の調査のときであった。

どうしてポツンとここにだけあるのかはわからないが、とにかくここでは六日に竹迎えをし、それから今

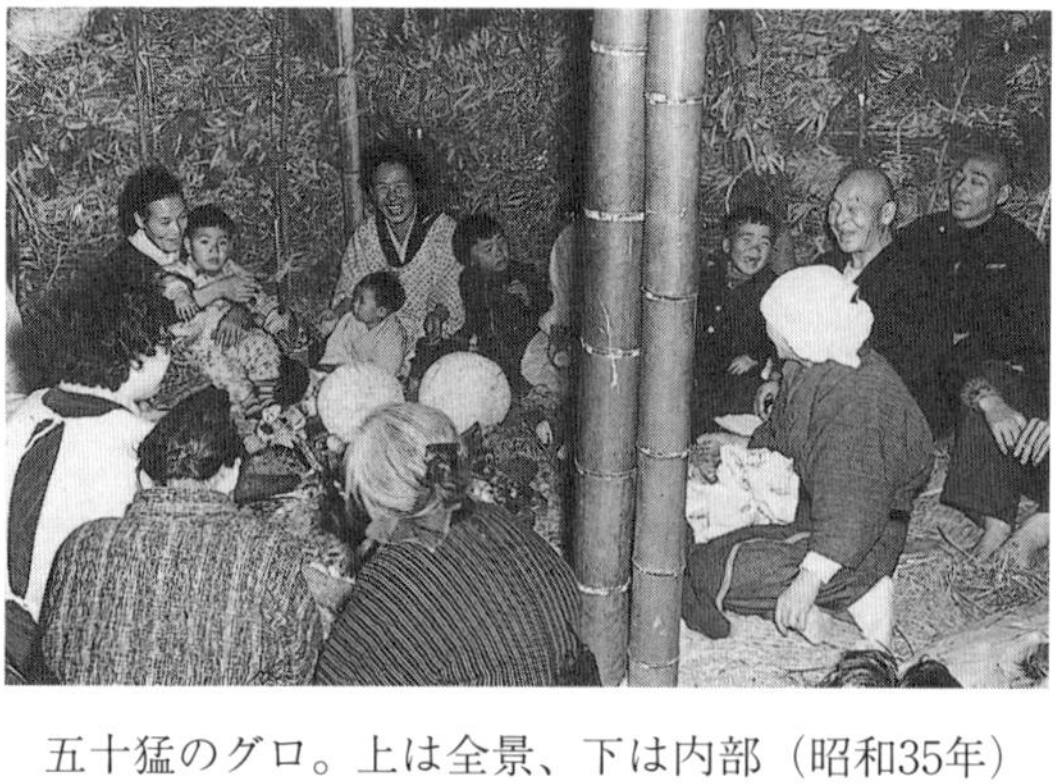

五十猛のグロ。上は全景、下は内部（昭和35年）

では期日が縮まっているかもしれないが、もとは十一日にこれを立て、その根元に竹やむしろでグロをつくる。広さは十畳敷きくらい。中にはいろりが切ってあって、火を焚《た》いてお茶をわかしたり、もちを焼いたりするようになっている。

でき上がるとそれから十五日のトンドまで毎日子供や年寄りたちが集まって、もちを焼いたり宿から出るお神酒をいただいたりして時を過ごすのである。

だから以前、テレビがなく、また見たり読んだりするものの少なかった時代には、このグロでの集いが老人にとっては何よりの楽しみになっていたし、また子供らにとっても、これが正月中の最大の楽しみであった。

けれども、これまた事の本源にさかのぼっていけば、けっして単なる遊びのための行事ではなかった。そもそもこれをなぜ特に正月にトンドの心竹の根元で行うかを考えてみればうなずけるように、これは聖なる神のみ魂《たま》を身に受ける手段として始まったことであった。

神のみ魂を身に受けるためには、身を清め心を鎮めて、何か狭いものにこもらねばならない。こもっている間に魂が体に入り、弱った体がふたたび活気を呈すると考えた。そういう原理により、日本の祭りにはこの忌籠《いみごも》りということが必須《ひっす》の要件となっていた。それがいろいろの形で受けつがれ、その間に変化もし、また脱落もした。その破片の一つがここではこういう形で残っているものと考えられるのである。あの東北で有名な雪中のカマクラというのもこれである。

屋内の祭場と仕様

正月行事の研究は、年中行事の研究の中でも早くから始められていた。だから私などが参加し出したころには、もうあらかたの説明はつけられていて、新たにこれを見直す余地は少なくなっていた。けれども全くないではなかった。

その一つとして、家の中における年神の祭場の問題があった。つまり、家の中でしめ飾りをし、もち・お神酒を供えておがむ場所はどこかという問題である。

といっても、最近では家屋改造が進み、いわゆるオモテ・次の間・台所・納戸といった、型にはまった間取りの家が少なくなり、それにつれて年飾りの仕様も変わり、またそもそも年飾りそのものがだんだん略されてしまうようになっているので、いまこのことを問題にしたところでピンとこない人が大部分かもしれない。しかし、まだあの経済の成長期以前には、ほとんどの家が大なり小なり年飾りということをしていた。そしてその場所は各部屋の中でも一番のハレの座敷であるオモテの床の間であるというのが、全国的にいって常識であった。

ところが、ここ山陰の正月行事に当たってみると、意外にもオモテでない部屋にする所が少なくないことに驚かされるのである。その最も極端なのが納戸にするというものであったが、これについてはすでに触れた。すなわち、これはトシトコさんとはいっても、このとき来臨せられる威霊を対象とするものではなく、実は田から上がってくる穀霊を対象とするものであり、その方が丁重に行われ出したため

美保関町福浦のオマエさん（昭和35年）

に、一方の来り臨む神に対する施設の方は発達しなかったためか、それとも前者と習合してしまったためであろうと考えられた。

何にせよ、長年にわたって文字なき、いわゆる常民の暮らしの中で変わってきたことであるから、所詮《しょせん》は推察によって納得するより仕方がないが、それにしても正月の年飾りをオモテでなく納戸にするというところが、一カ所や二カ所ではなく、ごく近年までは一応因伯から隠岐島の全域にわたって見られ、さらにその残影は美作の一部、また出雲の大根島・江島、半島部の秋鹿・東地合あたりにもあったことを知ってみると、これを単なる田舎風だとか、ましてや間違いであるとしてしまうわけにはいかないわけである。必ずやそれなりの経緯があったものとしなければならい。

ところで、昭和三十五年の調査のときであったが、このことに関してまた一つ変わった慣習を守る地方のあることがわかった。それはオモテではなく、さりとて納戸でもなく、いわばその中間ともいうべき台所に祭るというものであった。たとえば御津・片句などでそれが見られ、これはもしかしたら納戸に祭るという慣行が一歩変化した形ではないかと思われたことである。

ところでまた、この三十五年の調査のときには、場所の問題もさることながら、その祭壇の仕様にもいろいろ変わった形のあることがわかった。それは特に半島部の八束郡側の浦々においてであったが、一体にここらあたりでは、オモテの床にしろ、台所にしろ、年神を祭るその場所は、これを若松やサカキや、モロモキといっている裏白の葉などで、それこそ青山なすほどに囲む風がある。だから年神さんはその青山の中に静かに滞留されるという形になっている。

そうした中で、特に珍しかったのは美保関町福浦におけるやり方であった。ここでは、場所はオモテの床になっていたが、そこにオマエさんといって、高さ二メートルくらいの櫓《やぐら》状のものを組み、その中に扇子を三本組み、下に赤い布を垂らし、これを依代として祭るという形があった。

どうしてこういう仕掛けをしなければならないのか。北側の浦々には、年神さんは暗い所が好きだという伝承がある。はなはだ変わった伝承のようではあるが、これもつまるところ静かにこもりたもうということではあるまいかと考えられた。

神のみ魂を身に受けるためには、受ける者がまずもって忌みこもらねばならないが、それとともに神みずからにも、実はこもられることによってそのみ魂が成長し、威力が大きくなるという信仰があった。そうした遠い古い信仰の、これはやはり残留ではあるまいかと思われたのである。

オコナイを尋ねる

昭和三十五年の正月行事の調査のときには、当然なことながら家々の、また地区としての年神祭りを重点として見ていった。しかし、この期間には直接年神を対象とするものではなくても重要な祈願行事が多々あるので、これもやはり記録にとどめておかねばならない。その一つにオコナイといわれるものがあって、これが存外少なくないことがわかった。

オコナイとは要するに「行う」の名詞形であるが、古くは『源氏物語』若紫の巻などにも見え、あのころにはこれが仏教の行法を意味する言葉となっていた。そして平安時代に天台・真言寺院で修正会《しゅしょうえ》・修二会《しゅにえ》といわれる正月行事が発達すると、これがその別名のごとくになり、行法そのものとともに全国に普及した。

しかし、全国となるとすでにその形がいろいろに変化している。今日なお純粋な寺院行事としている所、いわゆる神仏分離の末逆に神社行事となっている所、その中間の形の所とさまざまである。

分布を見ると近畿地方に多く、特に滋賀県に多いが、山陰にもすでに廃絶した所を含めて、少なくとも二十六カ所はあったことがわかった。ただしその地域はほとんど出雲の北半地区に限られ、出雲以外ではわずかに境港市に、中止の所を含めて、三カ所があるにすぎない。どうしてこれが出雲にのみ集中しているのかはまだわからないが、とにかくこれがこの一帯にのみ残っているのは、民俗分布の上からいっても注目すべきこととせねばならない。

行法はいろいろであって、さきにいうように純粋な寺院行事となっている所、逆に完全な神社行事として行われている所、一応は寺院行事のごとくであるが、その推進者は神社の頭屋であり、また行法の中にも多分に神祇《じんぎ》信仰が入っている所と、大きく見ても三様になってくる。

美保関町雲津、鹿島町片句・手結、平田市美保・塩津・釜浦などにおけるものは第三の型であり、これに対して松江市上川津・福富・八幡町・八雲村西岩坂におけるものは第二の型、そして松江市秋鹿町や八雲村東岩坂などにおけるものは第一の型である。

というふうにいえば、このオコナイという言葉が知られていない所でも、これがどういう行事をいうものかのわかる人が多いであろう。あのテレビや新聞で報道される「大もちさん」行事がこれである。報道では大日寺でも星上寺でも特にあの大もちを運ぶところしか映されないが、実際にはあの前後にいろいろの儀礼があり、その中に学問上大事な要素が少なくないのである。

たとえば雲津では、ここでは惜しくも先年中絶してしまったが、それまではこの行事がこの地区のトンドを担当し、また氏神の頭屋《とうや》を交替させることとを担当する頭屋の手によって推進されていた。そしてもちをつくのには、かまどをそのつどわざ

平田市塩津町向浦のサバサバ（昭和35年）

わざつくり、火も火鑽杵《ひきりぎね》・火鑽臼《うす》で鑽りだしていた。場所は地蔵堂であり、祈願を担当する者は浄土宗の僧であったが、その僧は願文《がんもん》とともに「出雲国内神名帳」を読み上げ、かつ江戸時代そのままに「宗門帳」も読み上げていた。

また塩津でも、祭場は寺であり、祈祷担当者は禅宗の坊さんであるが、行事の推進者は氏神の頭屋であって、やはりその中に禅宗とは関係のない仕儀が多々入っている。ことにここではサバサバといっている、豊漁の予祝行事が入っていることが大きな特色であって、直会《なおらい》のすんだ後、全員が両手に長さ一メートル《メートル》あまりの卯杖《う》を持って、「鯖《さば》、鯖」といいながら前の床板を強く打つ。そして最後には頭屋が赤土を溶かした酒を牛王串《ごおうぐし》の先につけて、それを大餅《もち》につけ、さらに和尚の額にもつける。

そういう原始素朴ともいうべき呪《じゅ》法が、この行事には少なくないのである。

そうしたことについて、以前にもそのつど報告したが、一昨年（平成七年）出した『神去来』の中でこれを総括しておいた。

三月節供とひな祭り

年中行事に関することの中で、私などが補足したことの一つに三月節供に関することがある。

三月節供といっても、明治の太陽暦施行以後は、これを新暦に切り替えた所、いわゆる月おくれの四月三日にした所、さらにごくわずかではあるが、たとえば沖縄のように、今なお旧暦のままにしている所、とさまざまであるが、数からいえば第二の月おくれの地方が最も多い。

それはともかく、この本来は太陰暦（正しくは太陰太陽暦）三月三日の行事であった節供は、今ではもっぱら女の子の節供と考え、女の子のためにひな人形を飾って祝う日となっている。そして、これに対して五月五日の、月おくれならば六月五日の節供の方は男の子の節供であって、男の子のために鯉《こい》のぼりを立て、武者人形を飾って祝う日となっている。

しかし、われわれが子供のころまでは、この両度の節供が今日ほどはっきり男の子のため、女の子のためと違ったものではなかった。第一あのころには、少なくとも出雲地方などでは、三月三日をひな祭りとはいわなかった。もっぱら天神さんといっていた。出して飾るものも主として泥《どろ》天神であったし、母親の里などから贈るものも天神像であって、それはむしろ男の子が生まれたときにすべきものとしていた。

一方、五月節供の方にも、これを男の子の節供と割り切るわけにはいかないようなことが残っていた。たとえば「嫁さんの尻《しり》たたき」といって、菖蒲《しょうぶ》の束で新嫁の尻をたたいてまわる、行事というより、ふざけが残っていたし、またあの近松門左衛門の「女殺油地獄」にもあるように、この晩のことを「女の家」といい、この晩だけは女がいばってもよいというようないい方も残っていた。

そこで日本民俗学は考える。いったい節供とはもともと何であったかと。

通常、節供は古代中国の五節供に始まるもののようにいわれている。たしかに五節供による影響も少なくはない。しかし、それよりもやはり日本古来のいわば自然発生的慣行が基本となっている。それは一言でいえば祭りであって、三月苗田、五月田植えという重要な季節にまずもって身のけがれを落とし、つつしんで神を迎えることから始まったものだと考えられるのである。

いま五月の方に言葉としてのみ残る「女の家」ということも、そのとき神祭りの女性が聖なる忌屋に籠《こも》ったことの痕跡であり、また三月の方で極端に発達したひなは、もともと祭りに先立つ祓いの具としての人型《ひとがた》に始まるものだというのが、今では定説となっている。

紙数の関係もあるので話をひな祭りに限るとしよう。

まずヒナという言葉であるが、これはヒナ鳥・ヒナ型という言葉が示すように、いわば本物の代わり、あるいは準ずるものという意味であり、この場合は人間の代わりをする人型をいうものであった。

人型といえば、今でも六月・十二月の大祓にこれを用いて罪けがれを海川に流してやる神事を伝える神社・祈祷《きとう》所が少なくないが、ああしたことを昔はこの三月節供のときにも行っていた。

そのとき人型を紙に描くだけでなく、紙を折ったり、布を縫ったりして形づくる風もあって、これを天児《あまがつ》といい、ときには小児がそれを持って遊ぶ風もあった様子が『源氏物語』などにも見えている。この天児が後には這子《ほうこ》といわれ、次第に美化されて人形になるが、ときには這子型のままいわゆる民芸風に仕立てられて土産物になっている所もないではない。四国の松山のホウコウさんなどがそうである。

とにかく、こういう風に、ひな人形の元は人型であった。それがまず京都の公家の家庭で美化され、やがて江戸を初めとする武家の家庭にも移り、下って町人の家庭にも入って、いわゆる江戸文化の波に乗って発達した。それが近代に至って急速に企業化されたということになるわけである。

しかし、もともとひなは流すべきものであったから、今でも流すという行為が部分としては残っている。すなわち因幡をはじめ紀伊・阿波などにも点々と残る、流しびながこれである。

天神節供の問題

前回はひな祭りの沿革についてごくあらましのべた。しかし、実をいうと前回のべたことはわれわれが動き出すより前にすでに先学によって明らかにされていたことであった。なにぶん年中行事の研究は民俗研究の中でも相当早くから始まっていたことだけに、われわれが動き出すころにはもう大抵の問題はかたづけられていた。

ところがその中にあって、どうしたわけか一つだけ手つかずのまま残されていた部分があった。それは三月節供がひところまではひな祭りでなく、もっぱら天神さん主体の節供であったということである。

もちろん天神像そのものの研究はあった。しかし、あれはいうならば民芸としての研究であって、それも大事であろうが、われわれとして知りたいのは、この時季なぜ天神さまを祭るのか。なぜ菅原道真を祭らねばならないのかということである。

調べてみると、大正の末、あるいは昭和の初めごろまでも三月節供をひな祭りとはいわずに天神さんといっていた所、あるいはひな祭りともいってはいたが、飾るものの主体はむしろ天神さんであったという所は意外と広かった。少なくとも島根・鳥取・広島・岡山・兵庫・大阪・和歌山・福井・愛知・長野・山梨・神奈川・福島の各県に及んでいた。

それなのにこれについて論じられたものがいっこうになかった。ただ一つ『広島県史』に、近世寺子

出雲の泥天神（中央の黒は明治７年、その右は明治25年、左は大正７年のもの）

屋において天神講が発達し、学問の神として菅原道真の信仰が盛んになったため、やがて天神さんは子供の神だというようになり、そこからして三月・五月の子供の節供にもこれを飾るようになったという意味のことが記されていたが、これではまだ簡単で十分に理解できない。

そこで、さかのぼって菅原道真という人物について当たってみる。これは史上著名な人物であるから、すでに少なからず研究が積まれている。それによると、彼は右大臣・文章《もんじょう》博士であったが、罪なくして大宰府に流され、彼《か》の地で没した。ところが、たまたま京都で異変が起こり、左大臣時平が死に、さらに落雷のショックで時の天皇まで崩御されるという大事件が出来《しゅったい》した。そこで人々これを道真の怨霊《おんりょう》のせいであるとして恐れ、天暦元（九四七）年北野に社を建て神として祭り直した。そのためたたりはなくなったが、そうなると人々も安心して今度は北野に参っておかげを受けようとするようになる。これが天神信仰の起こりであるということになっている。

ところで、問題はそのとき彼に贈られた神号であって、それは「火雷天神」あるいは「天満大自在天神」というものであったが、これを後には略してただ「天神」とだけいうようになった。そのため、天神といえば直ちに道真のことだと思うようになってしまったのだが、いずくんぞ知らん、この言葉は実はこの時代の普通名詞だったのである。

すなわち、これはアマツカミを音読みしたものであって、天におられ、天から降って来られる神を総称するものだったのである。だからこの時代には天神社《あまつかみのやしろ》と称する神社が多々あり、この道真と同時代にできた『延喜式』神名帳にもそれが十何社も登載されている。

ということを知ってみると、この三月節供に祭る天神さまも、はたして初めから菅原道真であったかどうかということになる。少なくともこの三月という時季から考えれば、その祭祀の対象を菅原道真だとするより、大きく天から降って来られる神だと考える方がはるかに当を得ることになる。

それについて思い起こされるのが、今も福井・石川・富山県あたりで、菅原天神を三月ではなく正月に祭る風があるということである。正月といえばそれこそ天つ神を迎えてする大切な祭りであり、かつ菅原道真とは何のかかわりもない時期である。その時期に迎えられる天つ神が前述の地方ではやはり菅原天神になってしまっている。そういうことを併せて考えると、かつて広く見られた天神節供には、その前にまず古い天つ神降臨の信仰があって、菅原天神はその変化にすぎないことがわかるのである。

そういうことを私は昭和五十九年発行の『山陰民俗』四十二号に書いた。

出雲のいわゆるお忌

年中行事に関するいまひとつの問題は出雲のいわゆるお忌《いみ》である。

旧十月を一般には神無月というが、ひとり出雲の国では神在月《かみありづき》という。それはこの月中、他国では神々が出て行かれるが、逆に出雲の国では集まって来られるからだということは、古くから文献にも見え、また口頭伝承としても広くゆきわたっている。

そのため、ふだん出雲とはかかわりのない地方でも、毎年九月の終わりになれば、人々が氏神の社に集まり、在所の氏神を出雲へ送り出す神事をし、また十月の終わりになればその逆を行って氏神を迎える神事をする所も少なくない。

一方、地元の出雲ではこの期間、神々が滞在なさるという出雲大社・佐太神社をはじめ、その前後にお立ち寄りになるとする出雲市の朝山神社、斐川町の立虫《たちむし》神社境内の万九千《まんくせん》社、加茂町の神原神社、松江市の神魂《かもす》神社・多賀神社では、それぞれ神在祭《じんざいさい》と称する神事を行い、また一般にもこの期間にはそれなりの禁忌を守ってきたものであることがよく知られている。

そこで、この問題については古くから関心が持たれ、論文として発表されたものも少なくなかった。そうした中で、まず早かったのは佐太神社の前宮司朝山皓氏の論文であった。氏は人も知る文献史学者であって、昭和三十二年六十二歳で帰幽されるまで、一貫して研究に没頭していられたが、ことにこの問題に関しては自らその当事者でもあられただけに、非常な熱意をもって当たっていられた。

その最初の論文は、おそらく昭和八年『国学院雑誌』に発表された「出雲神在祭の起源に就《つ》いて」であったろうと思われるが、氏はここで出雲のいわゆる神在祭なるものは、古代における神名火《かんなび》山の祭儀に始まるもので、カミアリはおそらくカンナビの転語であろう。そして、その月が十月であるのは、収穫後の大祭である新嘗《にいなめ》祭が「大宝令」以前には十月であったからであり、それが出雲では「令」以後も残った。そのためこれが全国でも異色ある神事として注目されるに至ったという意味のことをいっていられる。

この論旨は、その後若干は修正されたり、補足されたりもするが、大体一貫し、ことに一番の眼目である、新嘗祭が「令」以前には十月であり、それがこの神在祭の本源だというところだけは最後まで強調してやまれなかった。そしてまたこのころには、これに匹敵するほどの研究を発表する人は出てこなかった。

ところが、昭和十年代も後半になると、ここに民俗学からのアプローチが始まってくる。その最初は鈴木棠三氏の「神有月の問題」(島根民俗)であったが、これに次いでは大藤時彦氏の「神送神迎」(民間伝承)、さらに関敬吾氏の「留守神の問題」(民族学研究)が発表され、やがて柳田國男先生のご見解が示されるに及んで、この民俗学からの問いかけも本格的となった。先生のご見解は祭りに先立つ忌ごもりの問題から始まる。重要な祭りにはその前にまず厳重な忌ごもりをしなければならないという、本来当然な、しかし今となっては大方ゆるんでしまった慣行が、今でも残っている所のあることを確かめ、そこからして出雲のいわゆるお忌も、つまるところはその一つであるとされた。

それはすでに昭和十七年の『日本の祭』、十八年の『神道と民俗学』の中でもちらりとは触れていられたが、戦後二十一年の暮れに『祭日考』を書かれると、この中でそれを重ねて詳細に説かれた。

ところで、先生のこの『祭日考』という論文は、日本人の先祖祭りがもともとは二月もしくは四月と十一月とであったいうことを論じられたものであったから、ここにいう出雲のお忌も、つまりはその十一月の祭りを目標とする忌籠りであったとされた。ということは十月のこの忌はこれ自体祭りではなく、祭りのいわば前段の部分にすぎないといわれるわけであって、これが柳田先生のこのことに関するご見解であった。

神集い伝承成立論議

民俗学は文献史学と違い、対象とする習俗をできるだけ広範囲にわたって採集し、それを比較し、その地域的な違いを時間的違いに読み変えることによってことの本源を探ることを目的とする。だから柳田國男先生が出雲のお忌をとり上げるに当たっても、これを出雲という限られた地域だけで見ることをせず、広く全国広場に持ち出し、他の同類の習俗との比較において見ていかれたのは当然であった。

けれども、お忌の問題としては、これが祭りに先立つ忌籠りの遺風であることを指摘するだけで終わりとするわけにはいかない。それよりもむしろ解明しなければならないのは、このためこの期間中全国の神々が出雲へ集まられるという伝承が何によって生じたかということである。

たまたまそのころ民俗学研究所では例の田の神去来の伝承が注目され出していた。すなわち田の神が春になれば山から降り、秋になればまた山へ帰られるという伝承である。あれがあのころ各地から報告され、しかもその中に、田の神が秋の収穫を終わった後、山ではなく出雲へ行かれるという伝承も少なくないことが知られてきた。

そこで、いつ誰《だれ》からいい出したことかはわからないが、とにかくあの神々の出雲行きという伝承も、結局はこの田の神去来の伝承を背景として成立したものにすぎないのではないかというようになった。

しかし、そこまでならばよかった。そういうことをいっているあいだに、ではあの問題はもう民俗学的には考究する必要のないことであろうとまでいい切るようになってしまった。

昭和二十四年、和歌森太郎・萩原龍夫両氏が三省堂から共著で出した『年中行事』にも、「これが民俗学にとって根拠なき事柄であり、文字ある好事家の小理屈であるということはほとんど疑いなきこととなった」とし、さらに「文字ある輩《やから》の言説がかくもたやすく全国を風靡《ふうび》してしまうことはかなり残念なことであるが、受け入れた側には客観的知識が少なく、簡単に盲従してしまう傾向があったのだからやむを得ない」とまでいい放つに至っている。

これでは困る。一番遺憾に思われたのは、朝山晧宮司であった。さっそく筆をとり、『尚友』『簸川新報』『神道史学』『出雲民俗』『神道学』などに矢つぎ早に論文を発表された。だが、宮司は民俗採集の方はやっておられない。神々の出雲行きという伝承がどういう形でどこまで広がっているかについては、これを知るすべをお持ちでなかった。しかし、一方文献にはきわめて通暁していられた。古今の文献を渉猟し、十月神々の出雲行きということが、かくも広く、かくも古くから記録に現れるというとこ

佐太神社神在祭の神送り＝朝山芳圀氏提供

ろを示し、これでもまだ好事家の小理屈に始まるというのかという姿勢を示された。

と同時に、もう一つのポイントである、これの発生が祭りに先立つ忌籠りにあり、それは十一月の祭りのためのものであって、これ自体は祭りでなく、あえていえば祭りの一部分であったという柳田先生のご見解に対しても、納得でき難いことであるとして、さきにいった、十一月の新嘗祭が「大宝令」以前には十月であったというところを重ねて強調された。

これに対して柳田先生はあえて反駁《はんばく》するようなことはなさらなかったが、気にはしていられ、その後『新嘗の研究』が発刊になったとき、あれを見て朝山皓さんなんかはどう思っているだろうかね、などといっていられた。

そのころ私などは研究所の研究員として別の問題と取り組んでいたが、たまたま、これは先にも話した三笠宮にお話したのが動機となって、このことについても何か書いておかねばならないことになった。といっても、とてもまだ自分としてのきちっとした見解を述べるほどのことはできない。そこでただこのことにかかわりのある神社が七社あることをとりあげ、そこにどういう共通要素があるのかを考え、「お忌諸社の成立」と題して『出雲民俗』第二十一号に発表した。これが私がこの問題に関与しだした最初であった。

伝承の形成者

昭和三十二年、朝山宮司は帰幽された。享年六十二歳であったから、あの時代としても早すぎる逝去で、まことに惜しいきわみであった。ことに私にとっては同学の大先輩であり、斯道《しどう》の先達であって、たびたびお目にかかり、お手紙をいただいたことも数十度に及んでいた。あるときには、とにかく実際に体験してみなければわからないから来いといわれ、とうとう泊まりがけで佐太神在祭に奉仕したこともあった。

そうした間柄であったので、宮司が亡くなられると、自然私もお忌の問題からは遠ざかるようになってしまった。

ところが、それから約三十年たった昭和六十一年、雄山閣から「民衆宗教叢《そう》書」の一冊として『出雲信仰』を出したいので、これの編集をしてくれという依頼がきた。それで急にまたこれをやることになったのである。

そこであらためてまず伝承資料に当たってみると、このことを採録する民俗誌・調査報告の類《たぐい》が三十年前とは比較にならぬほど多くなっている。調査地点も密になり、北は青森県の下北半島から南は鹿児島県の屋久島に至るまで、ほとんどすき間がないまでになっている。その中には、たしかに例の田の神去来の伝承と重なる形のも少なくないが、そうでないものもまた少なくはないことが知られてきた。

では文献史料の方はどうかというと、これについてはもう朝山宮司がかなり引き出していられたが、ただあのころには木版で手に入りにくかった本も活版になり、また索引もできていて、捜し出すのがきわめて容易になっている。そこで大学の図書館・府県立図書館・国会図書館などで手当たり次第に捜してみると、その点数はやはり既知の数をはるかに上まわることになってきた。

ところが、そうした文庫作業を重ねているうち、ここに一つ、このことの記述に関し、年代の上で大きな違いのあることに気がついた。それは、初見の平安末の『奥義抄《おうぎしょう》』をはじめ初期のころのものには、このとき神々が行かれる先をただ出雲の国としか表現していなかったものが、大体、南北朝時代の『詞林采葉抄』あたりから後になると、出雲といっても特にある一社をめざして行かれるというふうに変わってくる。しかもその一社が初めは佐太神社であり、およそ戦国期に至ってはじめて出雲大社というふうになってくるということである。

これは、あるいは朝山先生も気づいていられ、しかし、お立場上いわれなかっただけのことかもしれないが、私としてはこのときはじめて気づき、そして、ここにこの問題を解く大きな鍵《かぎ》があるように思えてきたのである。

というのは、この神々の出雲行きという伝承には、やはりそれなりの背景があって、それがだんだん具体化されて今日の形になってきたものに違いないが、その具体化が少しも人の作為によらないで成ったものとは考えにくい。ならばその働きをしたものはどういう人たちであったかということになって、私は前回これを出雲大社の御師《おし》に求めた。

しかし御師ではいささか新しすぎる。大社の御師が活動するのはせいぜい近世初期以後である。ところが神々の出雲行きという記述ははるかに古く、すでに平安末から見えてくる。のみならず、これを一特定神社にしぼるようになってからでも、初めにはまず佐太神社の名が現れるということに気がついて、私はここに紀州熊野系の神人《じにん》の活動というものを考えてみた。

というのは、佐太神社には、この熊野系神人の参与の跡がかなり明白だからである。いうまでもなく佐太神社は「風土記」にいう佐太の神の社であって、御祭神は佐太御子の神一神であった。だから社殿を建立する時代になっても、その社殿は一棟であったはずである。しかるにこれが中世以来三棟並立の形になり、御祭神は伊弉諾《いざなぎ》・伊弉冉《いざなみ》をはじめとする十二神となっている。これはとりも直さず熊野流以外のものではない。しかもこのことは神社当局としてもはっきり意識していられたからこそ、あの近世初頭に成立した神能「大社《おおやしろ》」にも、「雲陽金峯山、また比婆山というしでの」といった文言があるのではないか。

と、かように思うことから、私はこの神々の出雲行きという伝承の成立には、まずもって紀州熊野系神人の参与があったものと思ったのである。

出雲神在祭の源流

神々は出雲へという伝承を助長し、その行き先を、初めには佐太神社とし、次いで出雲大社とすべく働いたものは、まずもって熊野系の神人であり、次いで出雲大社の御師であったろうと想像した。

しかし、いかにそういう人たちの働きがあったとしても、それが成功するためには、その前にまず、そういえば人が納得するであろうというほどの素地がなければなるまい。それをかつての民俗学はあの田の神去来の伝承に求めんとしていたわけであるが、これではその行き先がなぜ、特に出雲となったかの説明がつくまい。出雲という特定の地名がすでに平安末の文献から出てくるからにはそれ以前に、もう神々の故郷は出雲だという考えがあったとしなければならない。と、そう思うことから私の推理は一気に古代にまではね上がった。

たまたまそのころ延長五（九二七）年の『延喜式』登載のいわゆる式内社の再調査をやっていたからでもあるが、あの延喜式内社三千一百三十二座の中に「出雲」という語を冠する神社が十一座もある。しかも、その地域が武蔵・信濃から、西では周防・伊予にまでも及んでいる。こういう例は他にほとんどない。あの後世全国に勧請《かんじょう》されるに至った八幡神でさえ、この「式」には豊後宇佐と筑前筥崎との二カ所にしか記載がない。

つまり出雲系神々の場合は、この時代すでに異例に広く祭られていたのである。これはいうまでもなく、これよりさらに古い時代からの出雲系氏族そのものが発展していた結果であるとしなければならないが、それを暗示する例の出雲神話を持ち出すまでもなく、われわれはこのように、より確実な史料によって推察することができるのである。

ところで、出雲神在祭の成立となると、このほかにもまだいろいろ問題がある。そのうち現地の出雲として問題なのは、このことにかかわる神社が出雲大社・佐太神社のほかになお五社もあり、しかも五社以上にはなっていないということである。

しかし、これについても実はすでに朝山先生が暗示だけはしていられた。それはやはり神の籠《こも》ります神名火山との関連において考えようとするものであった。
周知のように『出雲国風土記』には、神名火山（神名樋山）が四つある。そのうち楯縫《たてぬい》郡の神名樋山（大船山）の近くにはこの祭儀にかかわる神社が今はない。しかしかつてはあったであろうことには「風土記」佐香郷の条に神々のうたげの記述がある。

だが、これはいま消えていることであるからしばらくおいて、他の三山の場合を見ると、現在神在祭にかかわる七社のうちの三社までがこの三山のいずれかに関連するのである。すなわち佐太神社は秋鹿の神名火（朝日山）の、神魂神社は意宇の神名樋（茶臼山）の、万九千社は出雲の神名火（仏経山）の近くに鎮座する。のみならず佐太神社では今も実際にその神名火山を目指して（中古以来はその一歩手前の神目《かんのめ》山になっているが）神送りをするし、万九千社でもかつては神送りのカラサデの日には神名火山で火を焚《た》くきまりがあった。神魂神社にはそういうきまりはないが、そのかわり近世末までは祭場そのものが、本社よりずっと北の高天《たかあま》の地、ということはすなわち神名樋の真下であったという事実があ

る。

その他、朝山神社・神原神社・多賀神社にもそれぞれこの古儀の結びつく条件のあることが考えられるが、それよりもこうしてみる場合、かえってむずかしくなるのが、一番肝心な出雲大社の近くには神名火山がないということである。けれども、これもその発生地が現在の大社の地であったとすればおかしくなるが、そうでなく、この神事は新嘗祭とともに出雲国造家伝来の神事であり、新嘗祭同様国造家の本貫意宇の地で成立していた神事であったとすれば、これもやはり神名火山の祭儀に始まり、それが国造家の西遷とともに西遷し、そのときすでに先行していた、神々が海の彼方《かなた》から寄りますという信仰と習合して今の形となったものだと考えれば十分に納得のゆくことである。

そういうことを私は一昨年（平成七年）出した『神去来』に書き、この神在祭研究のしめくくりとした。

七　行政調査と物の民俗

刳舟の調査

民俗学六十年の思い出を綴《つづ》っているうち二度目の正月を迎えた。もうそろそろ打ち切らねばならない。しかし、ここまでくるとやめるにしてもそう唐突にはやめられない。そこでもうあと二つ、行政調査と神楽調査のことについて触れて終わりにしようと思う。

はじめに行政調査の話である。行政調査とはいうまでもなく行政上の目的のための調査である。それを私の場合は文化財調査という形で進めることになった。つまり文化財として指定・保護しなければならないものとしてどんなものがあるか。またこれをといって出されてきたものが、はたして指定・保護の条件に合うものかどうかという調査である。

昭和二十七年のいつごろであったか、思いもよらず学生時代の恩師祝宮静《はふりみやしず》先生から手紙をいただいた。見ると発信地は文化財保護委員会（今日いう文化庁）となっている。はて、先生は文部省に入られたのだろうかと思って開いてみると、あの戦争で大学でも学生がだんだん減ってしまい、そのうち爆弾が降ってくるようになったので、思い切って郷里の豊後に帰った。そして終戦を迎えたが、戦後の再建は容易でなく、なかなか上京する手順になれない。ところが、今度文化財保護法が制定され、その中に

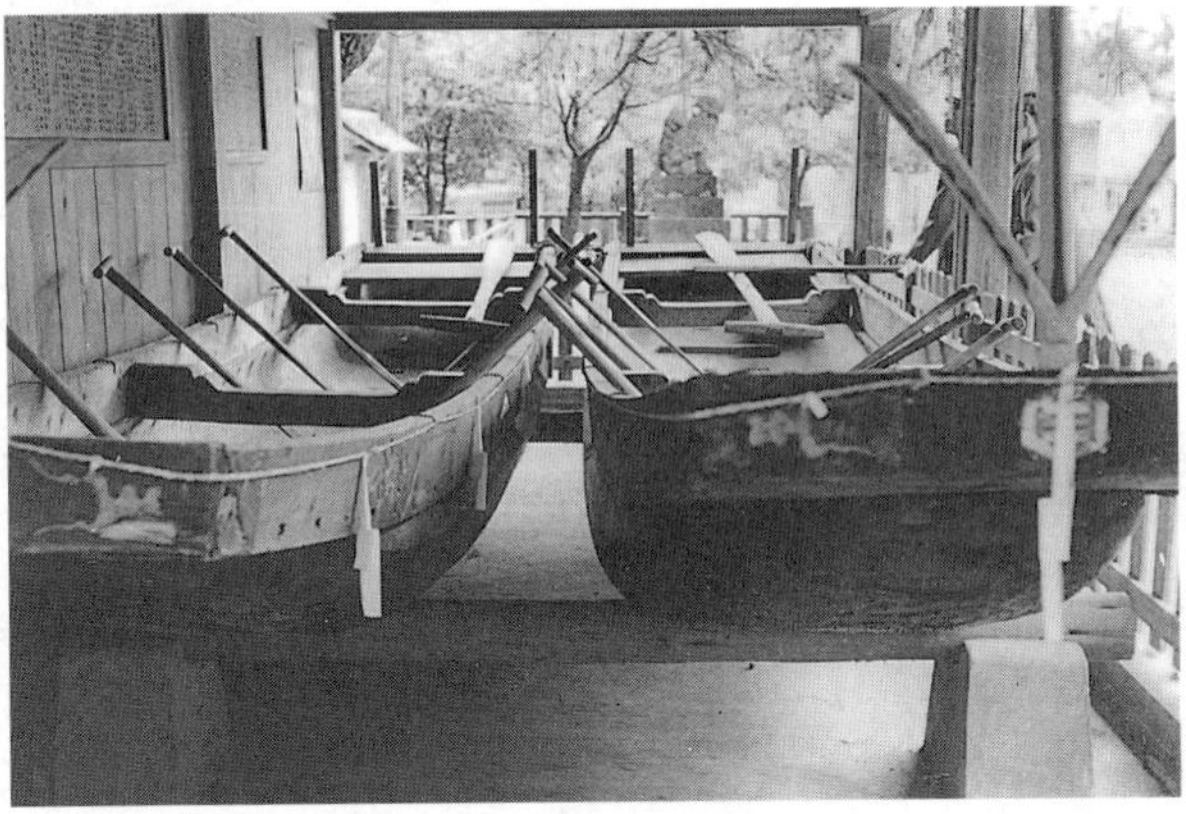

上は美保神社のモロタ。下は中海大根島のソリコ
（ともに昭和30年代写す）

新しく民俗資料（今日いう民俗文化財）という部門が設けられたので、これを担当しないかという渋沢敬三先生（元の大蔵大臣で、日本民族学協会の代表）からのお勧めである。それでいまさら役人になってもとは思ったが、とにかく一応は受けることにして、毎日霞ケ関に通っている。しかし、もともと民俗資料は得手ではないので、この際協力してくれないか、民俗の面では君の方が先輩なんだから、などと書いてある。

これはしたり、祝先生が民俗部門の地固め役とは驚いた。もっとも先生もお若いころには渋沢邸のアチックミューゼアム（常民文化研究所）に参加されて、内の浦漁民資料の整理などに当たられたことがあるのだから、まんざらこの部門と無縁というわけではなかろうが、それにしても大学での講義は日本中世史で、演習でのテキストは『吾妻鏡』や『玉葉』であった。なんでもご先祖は宇佐八幡宮の大祝《おおはふり》家で、あの和気清麿に神託を下して道鏡の野望をくだいた大神《おうが》の比義《ひぎ》に始まるということだし、またご尊父は園池子爵家から入って家を継がれ、官幣大社賀茂御祖神社の宮司を務められた。そのため先生も京都の糺《ただす》の森で育たれたという。

そういう生い立ちの先生が文部省に入られ、これからどろまみれになって民俗資料をやるといわれる。それならば何はさておき、できるだけのお助けをしなければなるまいと思ったが、そうお答えするとすぐまた送られてきた第二信によると、さしむきのところ刳《くり》舟の実態を明らかにしてくれとある。

刳舟とは、つまり木を〝刳る〟という手法で造った舟で、これが舟として最も原始的なものであることはいうまでもない。しかしその最も古型の丸太彫りのものはもちろん、二本三本の材を別々に刳って継いだ程度のものでも、もう全国的に非常に希少なこととなっている。ところが幸いにしてというか、島根県にはこの原始の手法を残す舟がまだ三種まで残っている。中海のソリコ、隠岐のトモド、美保神社のモロタの三種である。そこでこれを調査し、それぞれその構造・沿革を明らかにし、そのうちソリコに関してはまだ数が多いので、その中からこれぞと思うものをしぼり出すようにしたいとのことである。

そこで仰せかしこみ、とりあえず山陰民俗の会員に協力を呼び掛けた。幸いにしてソリコに関しては堀井度氏の、トモドに関しては知夫の横山弥四郎氏の、またモロタに関しては美保神社の当時の中島正國宮司のご協力を得ることができた。もちろん私自身も歩き、大根島の舟大工吉岡理一郎氏を訪ね、生大根をけずりけずりして説明されるその工程を記録にとどめた。

そうした結果を集め、昭和二十九年二月『山陰民俗』二号に「舟の特集」というスペースを設けたが、これが、私が刳舟というもの、というより広く〝物〟の民俗にかかわりを持った最初であった。

西ノ島でトモドを造る

昭和三十年二月、島根県内に残る三種の刳舟のうち、美保神社のモロタと隠岐焼火神社のトモドとの重要民俗資料（のち重要有形文化財と改称）としての指定がきまった。ソリコの方もこのとき一緒に指定されるべきであったが、この時点ではまだ数が多く、その中からどれということがなかなかきめられなかったのである。しかし、やがてこれもその中の最も古形の一隻が美保神社の所有になったので、それが三十八年五月指定ときまり、これで三種の刳舟が三種とも文化財として永く保存されることになった。

この指定に当たって山陰民俗学会が少しばかり協力したことはさきにのべたが、それはしかし最初の基礎調査の段階でのことで、いよいよとなるとやはり所有者である、あるいは所有者となられた美保・焼火両神社の努力がたいへんであった。美保神社では当時の中島宮司が自ら先頭に立って奔走された。

二度目のソリコのときには今の横山直材宮司が同様にされた。しかもここではこれを機に広く刳舟を標本として収集するという計画を立てられ、たまたま恵曇の青山善太郎氏方に置かれてあった沖縄糸満のサバニや、またこれは北浦に漂着していたものだといわれるが、やはり沖縄の八重山のクリフニ（刳舟）、さらには後にのべる隠岐の西ノ島で造ったトモドの一隻などをもらい受け、これをもって当時としては全国的にも稀《まれ》な刳舟のコレクションをつくり上げられた。

一方、焼火神社では松浦康麿宮司が努力された。指定物件の保存のため、波止の海岸に自費で収納庫を建設されたが、そのときもうこういう舟の造れる大工は一人しかいないと知られると、ではこの際持ち山の木を切って一隻造らせておこうと、さっそくその実行にとりかかられた。

ところが、そのことが文化財保護委員会に聞こえると、主査の祝宮静先生が、なんで連絡してくれなかったのか、せっかく造るのならその工程を記録に残しておくべきだったのにといわれる。すると松浦氏は、ならばこの際もう一隻造りましょうと、いとも簡単にいってのけられた。そういうことが、今ならば当然国庫補助事業として思いつかれることであるが、当時は国にも文化財保護費は少なく、消滅する貴重な文化遺産の記録のためとはいっても、その建造費までは大蔵が認めてくれなかったはずであ

西ノ島町浦郷でトモド完成。左から松浦宮司・伊藤県教委嘱託・祝調査官・渡棟梁・花谷大工・筆者（昭和33年）

る。ただ記録費だけはついた。

さて、記録となると、これを担当する記録者をきめねばならない。それには対象が物というよりそれを造る伝統的技術だからというので、結局はまたそれが私の担当となった。

昭和三十三年の夏、正式文書に接したので七月の終わり、境港から隠岐丸に乗った。

別府に上陸して波止に回り、松浦氏方に泊まって打ち合わせをし、翌日からさっそく浦郷の造船場に通った。造船場といってもそのとき限りのものなので、ただ露天に山から切り出した丸太がそのまま置かれているだけの状態であった。そこで舟大工が行う木取りからトコツケ、仕上げに至る全工程を一作業、一作業ノートに書き留め、図取りをし、またカメラに収めるのである。それは率直にいってまことにまだるっこい仕事であった。

舟大工は渡吉幸という六十三歳になる老人で、手を休めたときにはいろいろ昔の話もしてくれる。それが存外いい資料になった。

そうして二週間近くを炎天下の浦郷海岸で過ごしたのであるが、その終わりごろ、かつては島後の各地でも盛んに切り出していたという話を聞いた。それでその痕跡を探るべく、一日松浦氏とともに島後に渡った。西郷に上陸して小船をたのみ、都万の油井に向かって乗り出したが、ちょうど雨降りになってしまった。小船なので船室がない。一本しかない傘を開いて松浦氏とともに頭だけつっこみ、腰から下はずぶぬれになるという状態で上陸した。油井では区長宅に泊めてもらい、翌日、最後の経験者藤山米太氏、六十八歳に会い、思い出を語ってもらって帰った。

調査の結果まとめた報告書は翌三十四年の三月、島根県教育委員会から発刊され、さらに三十七年文化財保護委員会からも上梓《じょうし》された。

越前岬の同胞

モロタ・トモド・ソリコの指定にかかる、いわば陰の仕事をしたのがきっかけとなって、とどのつまりはその工程の記録ということまでやってしまった。

こうなるともう舟のことなどは私の専門外だとはいっておれなくなる。資料も集まり、遠くの研究者から照会があるようにもなる。それで、こういうことになるのならいちいち手紙で説明するよりまとめて雑誌に発表しておいたがよいと思い、豊中の『民俗』や地元の『伝承』などに二度ばかり短いものを発表した。

すると、そのためであったかどうか、昭和三十四年のたしか春ごろ、大阪教育大教授で豊中民家集落博物館館長の鳥越憲三郎氏から、博物館の「紀要」に、刳舟のことをもう少し広い立場から書かないかという誘いを受けた。

それでついやってみようかという気になったのだが、広い立場となるとどうしても全国を知らねばならない。それでまずこの方面の先達である桜田勝徳氏の「船名集」（『日本民俗学』連載）により概況をつかみ、その他井上吉次郎・磯貝勇・内橋潔・小林茂樹といった方々の調査報告、また各地の知友や教育委員会などに照会して得た資料をそろえられるだけはそろえたが、それだけではまだ書くというほどにならない。肝心な所へだけはどうしても直接出かけなければならない。それでとりあえずは北陸へ行こうと、まずその準備にとりかかった。

ところが、そうしているところへ偶然にも福井県の斎藤槻堂氏からソリコに関する照会の手紙がきた。当県越前町に「城《じょう》ケ谷」という所がある。そこの住民は慶長九（一六〇四）年、出雲の城ケ谷からソリコで漂着した者の子孫だということで、今でもよそ者扱いにされているきらいがないでもない。これではいけないので、いま若い者のあいだで啓蒙《けいもう》運動が起こっているが、いうところの出雲の城ケ谷とは出雲のどこか、またソリコとはどういう舟かという質問である。

さっそく手持ちの文献・地図に当たってみるが、よほど小さい地名であるとみえて出てこない。そこで、実は近々御地へ行こうと思っているので、いましばらくご猶予いただきたい。なお、お尋ねのソリコとはこういう舟ですといって、若干の説明に写真一枚を添えて送った。

すると斎藤氏からまた便りがあって、今度は『奈无衣《なむえつ》部』という雑誌が同封されてきた。見るとそれに「七人の開拓者」と題する、慶長の漂流時のことを扱った放送劇の台本が収まっている。ははあ、こんなことまでされているようなら南越でのソリコ熱は相当なものだなと思ったが、今度は劇の台本なので、文中城ケ谷という言葉がしきりと出てくる。それでたびたび城ケ谷、城ケ谷と読んでいるうち、どうしたはずみかジョウガダニをジョウダニと「ガ」をとばして読んだ。そのとたん、なあんだという気がしてきた。ジョウダニならある。野波のジャダニではないかとひらめいたのである。

昭和十八年の夏であった。島根半島の採訪に出かけて今の島根町の野波で泊まった。そのとき話の中でジャダニという地名が出てきたので、ジャダニとは妙な言葉だが蛇《じゃ》谷ですかと聞くと、そうではないジョウダニのなまりだ。ここに昔城があって、その下の谷をジョウダニといった。それがなまってジャダニになったのだということだった。それを思い出したのである。

八月の十何日かに出発して豊岡で降り、中学時代の恩師の小場瀬新一先生を訪ね、宮津線・小浜線を利用して若狭海岸を採訪し、北陸線に乗り換えて武生で降り、そこで斎藤氏と一緒になり、氏とともにバスで越前町に向かった。

越前町では、出雲からソリコのことのわかる人が来たというので、教育長をはじめ大勢の方々が出迎えてくださった。それで二日も滞在していろいろ話をし、また聞きもしたわけであるが、なんにせよあのソリコで、たまたま風波に翻弄《ほんろう》されたからであるとはいえ、遠く越前岬にまで流れついたことがあるとは驚きであった。もっとも、その後の調査で同じ話は広く丹後半島あたりにもあることがわかったが。

越前町からは能登半島に向かい、石崎のマルキを見、越中に回ってドブネを見、飛騨高山を回って帰った。原稿の方は翌年の夏になってまとまり、『民俗資料による刳舟の研究』として、十二月民家集落博物館から出版された。

島根県下三十地区の民俗

昭和三十七年、私は島根県教育委員会に入って文化財保護行政を担当することになった。それまでにも教師をしながら文化財の専門委員はしていたが、中に入ってくり出し方をやるようなことは不得手である。しかし上の方から格別にいわれているということなのでことわるわけにいかない。まあ二、三年がまんして、またどこかへ出してもらおうと覚悟をきめ、それから往復で三時間を空費する松江通いをはじめたのである。

ところが、二、三年のがまんどころか、ちょうどそのころから開発が盛んになり、それに先立つあの手この手の対策が急増し、とても学校へ出られるような空気ではなくなってしまった。そのうえ昭和四十二年には皇太子同妃両殿下奉迎の仕事とか、四十三年には明治百年記念事業としての『島根の百傑』の編集とか、もともと文化財の仕事とは関係のない仕事まで仰せつかり、とどのつまりは八雲立つ風土記の丘の設置という大事業に立ち向かわねばならないことになって、とうとうそのまま定年まで、足かけ十四年ものあいだ、役人らしからぬ役人生活を続けてしまったのである。

そのため肩書も次々と変わり、それにつれて所管事項も広がっていったが、当初のあいだは一文化財保護主事として、担当は一応民俗資料と無形文化財だけということになっていた。

ところが、私が入ったちょうどその年、文化財保護委員会で、民俗資料緊急基本調査ということが計画された。これは各都道府県ごとにそれぞれ三十カ所ずつ、大体大字程度の調査地区を設け、そこに一人ずつ調査員をおき、衣食住・生産生業・人生儀礼・年中行事・信仰伝承・民具など二十の共通項目について調査し、今後の保護行政の実務に備えるというものである。

それを島根県でもやることになったので、その計画、立案、推進がさっそく私の仕事となった。しかし、県にはもちろん国にも前例がないので、それこそ白紙から始めねばならない。祝先生に伺っても、今はまだ大づかみなことしかいえない。まあ君の方は学会としての経験もあることだから、ここで一つ模範的なものをつくって見せてくれ、などとおっしゃる。

しかたがないので思うままの案を立てた。まず調査地区を三十カ所、適当な間隔をおいて、農山漁村のバランスも考えながら設定する。そこへ置く調査員はすぐから仕事がしてもらえるように、できるだけ民俗学会の会員の中から委嘱する。さらに全体を八ブロックに分け、そこに一人ずつ取りまとめの責任者をおく、という構想を立てた。

それでよいとなったので、八ブロックのうち第一の出雲東部は県の直轄とし、第二の西出雲は岡義重氏、第三の石東は石田隆義氏、第四の石中は森脇太一氏、第五の石西は山根俊久氏、そのうち鹿足郡だけは第六として酒井董美氏、第七の島前は松浦康麿氏、第八の島後は永海一正氏を責任者とし、それぞれ承諾を得て委嘱した。

そうときまったので、まずもってこのブロック責任者の歩調を合わせるべく、七月四日から三日間、大根島で共同調査を実施した。そういうことが、県という公的機関によって行われるのは初めてであ

大根島の宿で。前列左から森脇太一・山根俊久・岡義重・永海一正、後列左から山崎亮平・松浦康麿・石塚尊俊・石田隆義・酒井董美（昭和37年）

り、しかし顔ぶれはお互いよく知り合った民俗学会の同志なので、たしか石田隆義氏であったと思うが、「まるで私立が公立になったようだ」といわれ、みんな大笑いしたことであった。

大根島での歩調合わせがすんだので、続いてブロック別に調査員の打ち合わせ会を開き、それに基づいてさっそく調査に出かけてもらった。その間、県からも何回か連絡にまわり、また文化財保護委員会からも祝先生に来ていただいた。

こうして、冬休みを経て三十八年の一月、各ブロックの責任者を経て各地区からの調査票が集まってきたので、これを今度は私の手元で総括し、図・写真などを入れ、予定通り三月末、B5判、二百㌻の報告書として上梓することができた。

その報告書は率直にいって評判がよかった。事業費は一切合切でたしか五十万円。今から見ればうそのような金額だった。国家予算の総額が一兆円とされていた年のことである。

重民指定と収蔵庫の建設

三十地区の調査が一応すべり出したころ、巡回指導ということで祝宮静先生が来られることになった。そこで見てもらうべき所として美保関町雲津、広瀬町東比田、出雲市下横町の三地区を選んだ。雲津は漁村の、東比田は山間部農村の、また下横は平坦《たん》地農村の代表としてよいと思ったからであるが、そればかりでなく、この三カ所ではすでに生産、生活用具の収集も始められていたからである。

雲津では調査者の宇野吾郎氏が始めておられ、出雲市では野村正雄氏が努力しておられたが、それとともに市の教育委員会がすでに数年前から始めていた。けれどもその数はまだ少なく、部門ごとに系列立てるまでにはなっていなかった。

ところが、東比田ではこのとき調査員でなく、話者として協力してくれた畑伝之助氏が熱心で、すでに数百点を集めていられた。そのことを調査員として担当した井塚忠君から聞いたので、行ってみると、なるほど納屋いっぱいに集められている。けれどもまだ分類ということがしてなく、何もかもごちゃまぜになっている。それで、これをコレクションとして生かすためには、まずもってこの中から厳密な意味では民具といえないもの、つまりそれぞれその時代の風俗を知る資料としては大切であっても、いわゆる常民の生活の知恵から自然ににじみ出たものではないというものはこれを除き、後を分類し、その部門ごとに系列立てをすることが必要でしょうといっておいた。

祝先生の視察の結果も同じであった。ただそのとき、あの三カ所の中では東比田だね、とはいっておられた。しかし、それはあくまでもあの三カ所の中では、ということであろうと思って聞いていた。ところが、それからしばらくたって、三十八年の一月になってからであったと思うが、先生から非公式な連絡があって、なんと、あの畑さんのコレクションを国の重民、つまり重要民俗資料候補にするわけにはゆかぬだろうかとおっしゃる。これはしたり、そんなに国には指定のタネがないのだろうかと思ったが、なんにせよこれはたいへんなことなので、さっそく畑さんに連絡し、また広瀬町教育委員会へも急報した。

畑さんはびっくり仰天、半ば道楽のようにして集めていたものが国の指定文化財候補に上るとは思いもよらなかった。こうなれば大急ぎで準備しましょうといって、全体の系列を立て直し、それで穴のあくところは地下《じげ》中を歩いて補足し、一覧表をつくり、カルテをつくり、解説を付して写真も貼付する。そういう作業を昼夜兼行でやってのけられた。

ところで、このようにして国指定への準備が進むとなると、それが実現するより早く、一応はやはり県指定にもしておかねばならない。そこで岡義重、牛尾三千夫の両専門委員に私がついて、たまたまその冬は前後にない大雪であったが、その中を東比田の畑さん宅まで出かけた。

三月末審議会にかけられた結果、国でも県でもその価値ありとなったので、農具・山樵《さんしょう》用具などの生産用具百八十五点は国の重民に、衣食住関係などの生活用具百点は島根県の民俗資料に指定が決定した。まことにひょうたんから駒《こま》が出たような指定であった。

ところが、その駒が実はもう一度出たのである。それは官報・県報告示がすんだころであったと思うが、祝先生からまたまた連絡があって、先年から始めている民俗資料収蔵庫建設費の補助金の枠が一つ残っている。これを受けてあの畑さんの山村生産用具の収蔵庫を造らないか。ただし国庫補助を受けるとなると、その事業主体は広瀬町であることが望ましい。それには畑さんがあの物件を町へ寄託するなり、できれば寄付することが望ましいのだが、といわれる。そこでまた双方へ連絡したところ、畑さんは喜んで寄贈するといわれる。町でも地元負担を組んでやりましょうといわれる。

こうしてここに思いがけなく収蔵庫の建設ということまで事が進んだのであるが、なんにせよ、この昭和三十七、八年という年は、私にとって初めてのことが矢継ぎ早に到来し、いっぺんに鍛え上げられた年であった。

民具指定続々

昭和三十七年度の民俗資料緊急基本調査は、その基本という言葉が示すように、あくまでも基本的なものを一応おさえておくというもので、これによって今すぐ何かをしようとするものではなかった。ところが、島根県の場合は、そのとりまとめがすむかすまないかのうち、いち早くその一部が国によってマークされ、あれよあれよという間に重民指定、さらには収蔵庫の建設というところへまで行ってしまったわけである。

これは周囲に対してたいへんな刺激であった。あんながらくたともいうべきものが国の文化財になるようなら、うちにもある、ここにもある、というので、あちこちで民具の収集保存の動きが出てきた。

その動きは、まず飯石郡の頓原町から上がってきた。ここでは調査のとき花栗を担当された勝部正郊氏が、すでにその前から在地の岩田広敏氏らの協力で生産・生活用具の収集につとめていられたが、このときを機にそれをいっそう充実させられた。その整理がついたので、その中の積雪期用具百五十点をとり上げ、これを地域的特色顕著なものとして国あて申請の手続きをとったところ、これまた価値ありとなった。それでこれも東比田のとき同様の手順を経て収蔵庫の建設にも成功した。

頓原に次いでは、那賀郡金城町波佐から上がってきた。しかもここでは最初から組織をもって上がってきた。昭和四十年代の初め、過疎化に陥りがちな郷土を見直そうというので波佐史学研究会なるものができたが、やがてもっと具体的な行動をとろうというので、四十三年名称を「西中国山地民具を守る会」とし、散失する民具の収集に乗り出した。会長は一町仁市氏、幹事は隅田正三氏で、その他上田房一、岩田暦男氏ら十数人のメンバーであった。

小人数ではあったが行動力は大きく、たちまちにして二千五百点もの収集に成功された。四十三年秋、これをやはり指定にしてもらいたいという相談を受けたので、若干の愚見を呈し、また保護委へも連絡して祝宮静先生の後任の田原久氏の来県を乞《こ》うた。調査、審査の結果、生産用具七百五十八点は国の重民に、生活用具二百二十一点は県文化財に決定したので、次いで収蔵庫の建設にも努力し、昭和四十八年これも実現した。

以後、波佐では町とともに「守る会」が活用につとめ、単に展示して見せるだけでなく、「実践民俗学」と称して（聞いたことのない名前ではあるが）、紙すきや麻むしを復元したり、昔ながらの農作業を復活したりして、盛んに活躍している。

三番目に、比田から数えるならば四番目に声が上がってきたのは隠岐の五箇村からであった。昭和四十三年であったと思うが、明治百年事業に追われている最中、村上八束村長が来られ、西郷にある県の隠岐支庁舎が改築のため廃棄されるが、あれは明治十八年建造の洋風木造建造物なので、壊してしまうのはもったいない、それで五箇へもらって帰って保存することにしたが、問題はその後の活用である。これをどうしたらよかろうかという相談である。

そこで、たとえば民具資料館といったことも考えられますが、それにはまず民具そのものを集めねばなりますまい、といって、若干の愚見を呈したところ、村ではさっそくその構想を受け入れられ、嘱託の八幡静男氏を中心に大急ぎで収集に乗り出された。村長はほどなく寺本演義氏に代わったが、寺本氏もまた熱心に行動された。

その効《かい》あって、たちまち千四百点もの生産・生活用具の収集を見たので、そのうちの生産用具六百七十四点は国指定に、衣食住関係などの生活用具六百九十一点は県指定に持ち込むことができた。なお、ここでは建物の方も、その後に移築された都万目《つばめ》の民家一棟とともに県指定となり、以後内外ともに備わった隠岐郷土館として活用されている。

ちなみに、このほか島根県内におけるまとまった民具コレクションとしては、安来市和鋼博物館、島根町歴史民俗資料館、日原町歴史民俗資料館などがある。これらはいずれも会社あるいは自治体自体の努力によってできたものであるが、特に日原町の場合は在地の篤学者大庭良美氏の努力によるところが大きかった。

民俗の分布調査

昭和三十七年度に始まる〝三十地区の民俗〟調査が、全国的にはまだ終わっていなかった四十年の秋、祝宮静先生からまた連絡があって、いま自分の手元でもっと詳しい民俗の分布調査を計画している。これはヨーロッパでは早くから始まっていたことだが、日本ではまだやっていない、それをやろうと思うのだが、これを一つ島根県で試験的にやってみないか、といわれるのである。

構想によると、調査地区を今度は百五十カ所以上とする。そして調査内容も衣食住・生産生業・社会生活・人生儀礼・年中行事・信仰伝承の万般にわたらせる、それをできるだけ七十歳以上の老人から、おおむね大正初年を時点として聴き出し、その結果を分布図としてまとめるというものである。だからこれは要するにマッピングにより民俗の地域差を明らかにする調査だということになるわけであった。

民俗に地域差があることはいうまでもない。地域差があるからこそ、これを時代差に読み変え、それによって民俗の変化過程を知ることができるのである。しかし、それとともにその地域差自体が何によって生じたか、なぜこの地方ではこうなのかを考えることもまた必要である。

そういうことが、古くから文化の交流が激しく、いやそれよりも民族自体の移動が激しかったヨーロッパでは早くから始まっていたが、島国である日本では、遠い何千年もの昔は別として、少なくとも国の基礎が固まって以来は、異民族の大量流入というようなことはなかったし、時に異文化の流入ということはあっても、それはおおむねまず中央に入り、そこから地方へ波及するという形をとった。だから日本では生活慣行に地域差があっても、それは文化の系統による違いではなく、同根の文化の時間的変化の違いであると考えられた。それがいわゆる一国民俗学の立場であった。

しかし、今や日本民俗学もおおむね体系を整え、基層文化の実態を明らかにすることができるようになった。されば、これからはもっと民俗の地域差そのものにも目を向け、なぜこの地方ではこうなのかということも明らかにしていかねばならない。分布調査はそのための大切な仕事であり、むしろ必須《ひっす》の作業であると思われた。

こういうわけで、島根県ではこれをさっそく昭和四十一年度事業として行うことになった。しかし今度こそ前例が一つもない。そこでまたぞろ白紙に向かって無い知恵をしぼることになったのである。

まず調査地区を百五十以上設けようということであるが、百五十ではまだすき間がある。明治二十二年の市制・町村制の時の市町村数に近づけて二百十一カ所とする。調査員は一人で、二、三地区の兼務もあるようにして全部で八十三人、調査用紙は十枚、それに設問をそれぞれ三十前後入れて、合計で一応三百の事項について答えが得られるようにする。

しかし、一地区で三百となると、これをまとめるのにも相当の時間を要する。そこでやはり全体を九ブロックに分け、そこに一人ずつ取りまとめの責任者を委嘱する。東からいって島田成矩、高橋一郎、勝部正郊、岡義重、石田隆義、白石昭臣、的場幸雄、大庭良美、田中豊治氏らがその任に当たってくださった。

こうして集積した回答の中から代表的な五十二の事項を選び、それによりマッピングしていったわけであるが、そのときさらに先年の三十地区の民俗のときの内容なども加えたから、結局調査地点は二百

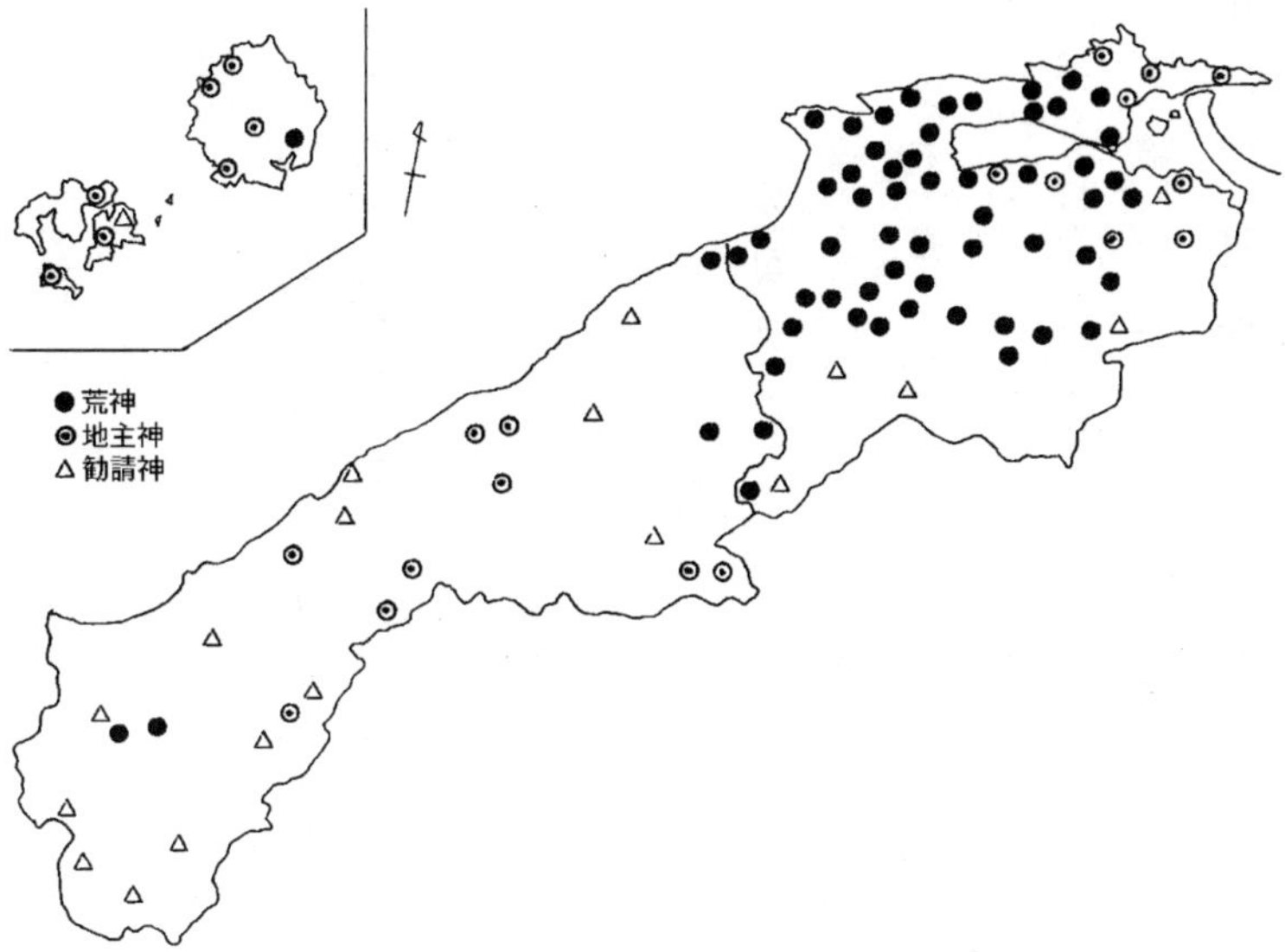

屋敷神の種類　島根県民俗分布図（昭和42年）

四十二カ所となった。こうして、島根県内の全域にわたり、民俗の各分野についての分布図五十二葉ができたのである。

これに対して祝先生がどう言われたかは忘れたが、評判は悪くなかったはずである。いつだったか、ＮＨＫの教養番組で、国立国語研究所の柴田武氏が方言の地域差の話をされたとき、この『島根県民俗分布図』の一葉をぽっと出された。ははあ利用されているなと思ったことである。

緊急調査の実施

昭和四十一年度に行った民俗の分布調査は、いわば本番に備えてのテストケースであった。だから本番が始まると島根県でもまた行わねばならなかった。

しかし今度は二度目であり、そのうえ今度は四十八、四十九年度と二年度事業であったから、前回とは比較にならぬほど楽であった。これに対して多くの県では初めてであったから、かなり手間どったらしい。中国地方でも山口県では四十九、五十年度、岡山県では五十、五十一年度、鳥取県では五十五、五十六年度、広島県では五十六、五十七年度に実施している。調査地区の数でも島根県では前回に二百四十二地区、このときにはそれとずらして百九十地区をとり上げたが、他県ではどこもが百五十地区かっきりしか押さえていない。

さて、このように、この時期には民俗の分布調査ということが文化庁の方針のもとに全国的に行われたが、それとともに重要な地域に対する緊急調査ということも行われた。

これは、そのころ経済の高度成長から、伝統的生活様式が急変するので、それに先立って貴重な習俗を記録しておくというものであって、それを島根県では埋め立ての話が出ていた中海の周辺と観光地化してきた隠岐島とでそれぞれ二年度事業として行った。

中海地区では、四十四年度に大根島と江島とを、四十五年度には半島部の福浦・宇井・森山・下宇部尾・万原、それに上宇部尾・大海崎の一部を調査地区として行った。その第一年度の大根島調査のとき、あのアメリカの宇宙船アポロが月世界に到着して、テレビにその実況が、ちょうどわれわれが現地に到着した日に映ってきた記憶がある。

隠岐島調査のある日。前列左から原宏・白木小三郎・岡義重・勝部正郊・井之口章次、後列・左から浅沼博・石田武久、３人おいて島田成矩・白石昭臣・斎藤ミチ子・松浦康麿、２人おいて石塚尊俊（昭和47年）

調査員として岡義重・牛尾三千夫・原宏・勝部正郊・島田成矩・白石昭臣・酒井董美の諸氏を委嘱し、半島部のときには宮永千冬氏にもお願いした。その他民家担当として大阪市立大学から白木小三郎氏、信仰・祭祀《さいし》部門担当として国学院大学から坪井洋文・大津（石田）武久氏の来援も求めたが、そのとき両大学からの希望もあって、それぞれ院生・学生数人ずつの参加も受け入れたので、全体ではかなりの人数になった。

むろん現地で合宿し、昼は歩き回って見たり聞いたりし、夜はその整理をし、一日おきにディスカッションもするということを繰り返したわけである。期間は両年度とも一週間であったが、事後の整理にはもちろんその何倍もの時間を要し、四十六年の三月に至り、Ｂ５判二百二十ページの『出雲中海沿岸地区の民俗』として上梓するを得た。

隠岐島では四十六年度に島前の宇賀・物井・三度・珍崎・宇受賀・豊田・崎・薄毛・多沢・仁夫において、四十七年度には島後の大久・都万目・平・今津・伊後・南方・長尾田・代・久見・上那久・蛸木・飯美において行った。調査員には前回の面々のうち宮永千冬氏に代わって浅沼博氏、現地から松浦康麿氏を委嘱し、また坪井洋文氏に代わって井之口章次氏・斎藤ミチ子氏の来援を求めた。やはり院生・学生の参加も受け入れたので、人数もかなりふくれ、現地にもいろいろご迷惑をかけた。

事務局として中海のときにはベテランの長谷川清主事が同行してくれたが、隠岐島のときには懸案の風土記の丘設置事業がもう追い込みに入っていたので、人員に余裕がない。それで結局私が調査員と事務担当とを兼ねるという形で通した。

成果は、Ｂ５判三百八十ページの『隠岐島の民俗』として上梓したが、これに収めたようなことは、あれから二十五年もたった今日ではもう、現地でも見られないかもしれない。

なお、緊急調査としてはいまひとつ菅谷《すがや》鑪《たたら》の調査がある。昭和四十二年、飯石郡吉田村の菅谷鑪が、全国唯一の鑪遺構として重要民俗資料に指定されることになったので、これに併せてその実態調査を行った。

調査は遺構の測量と関係文書の解読、および伝承の聴取の三面から行い、伝承の聴取には岡義重・牛尾三千夫・勝部正郊・白石昭臣の各氏に当たっていただいた。調査の結果は、Ｂ５判二百ページの『菅谷鑪』として上梓した。

モロタの製作〝監督〟

昭和四十年代、大根島の周辺や隠岐島で行った、生活様式の急変に先立つ緊急調査というようなことは、もう最近ではないはずである。なんとなれば、生活様式の急変ということ自体がすでに進行形ではなくなっているからである。

ところが、これが落ち着くころから今度はダム建設に先立つ緊急調査ということが行われるようになった。つまりダム建設によって集落が立ち退かねばならなくなり、その伝統的生活慣行が解体してしまうので、これをその立ち退きに先立って記録しておくという調査である。

これが島根県でも、昭和六十三年と平成元年とに神戸川上流の志津見地区で、また平成五年と六年とに斐伊川上流の尾原地区で行われた。そのとき私も文化財の保護審議委員ということで駆り出された。

まさに二十数年ぶりの緊急調査であったから、当然顔ぶれもやり方も大きく変わっている。調査員としては、あのころ若かった勝部正郊・浅沼博・白石昭臣・酒井董美氏らが主力で、新顔として和田嘉宥・多田房明・鈴木岩弓・喜多村理子の諸氏、尾原のときには鈴木岩弓氏に代わって鈴木文子氏。理子夫人に代わってご主人の喜多村正氏、さらに門脇尚子・浅沼ジュニアの政誌君、それに米子から川上廸彦氏、広島から浅藤直幸君の応援もたのむという体制になっていた。

それよりも変わっていたことは、事務局の人員が以前とは大違いに充実していたことである。それで志津見の時には若槻真治氏が、尾原のときには西山彰氏・森脇章氏が終始ついていてくれた。予算も往時とはよほど多くなっていたらしく、文化財保護行政も随分楽になったものだと感心したことである。調査の結果は平成二年十月『志津見の民俗』として、また平成八年三月『尾原の民俗』として、ともに島根県教育委員会から刊行された。

ところで、民俗の記録となると、ここにもう一つ思い出がある。それは美保神社のモロタ舟の製作工程の記録をしたことである。

美保神社のモロタ舟は古来四十年目ごとに造り変えることになっており、前回は昭和十五年だったので、神社では昭和五十年の声を聞くころからぼつぼつ準備にとりかかっておられた。幸いにして国庫補助もつくことになったので、昭和五十三・五十四年の二年度事業としてこれを行うことになった。ところが、そのとき横山直財宮司がわざわざ来られて、まずいわれたことは、この製作工事の設計監督だったか、現場監督だったか、なんでもそんな役をやってくれということであった。

何をおっしゃるのやら、お門違いもいいところだと申し上げたが、いや、ありなりなところ、刳舟の製作となると、これを造る大工以上に事のわかる者がいるわけはない。しかし補助事業の場合はどうしても大工とは別に監督というものをおかねばならないことになっている。貴下は先年隠岐島でトモドの製作に立ち会った経験があるのだから、ぜひ今度も立ち会ってくれといわれる。それでとうとう私の履歴に思いもよらず刳舟製作の現場監督という一条が入ることになってしまった。

ところが、宮司の話はこれで終わりではなかった。監督として現場に立ち会ってもらっても、どうせ実際にはすることがないはずだ。だからその間トモドのとき同様、工程の記録をしてくれといわれるのである。ほら、そんなことだ、どうせただで手当をくれるはずはないと思ったが、こちらもせっかく行くからには、ただぽかんといるわけにはいかないので、結局また記録もとることにし、昭和五十三年度には九月末から十月末までの間、五十四年度には七月末から十月末までの間、工程の進捗《しんちょく》に応じて延べ三十回くらいは通い、ときには泊まりこみもしたのである。

造船所は大根島入江の吉岡造船所で、舟大工はあのころもう刳舟に関しては唯一の現役大工となっていた吉岡睦夫氏（利一郎氏の息）であった。工程の記録は神社で刊行するということであったが、遷宮準備のためなかなか出されない。それで一昨年（平成八年）東京から発刊した私の『鑪と刳舟』の中に収めた。

八　神楽をさかのぼる

大元神楽の選定

第八話は神楽である。

率直にいって神楽は私にとって最初からのテーマではなかった。ところが、やはり文化財保護の立場からどうしても関与せざるを得なくなり、その結果、存外これが一番大事な課題になっていったのである。

昭和二十七年、国により初めて地方の民俗芸能にも「選定」という形で注意が払われることになった。これは「指定」と違い、指定のためのいわば予備措置として、めぼしいものを一応引き出しておくというものであった。そのとき選定された島根県内の民俗芸能の中に邑智郡の大元神楽という名があった。

ところが、そのとき島根県の教育委員会の担当者は、この大元神楽というものの存在を知らなかったらしい。しかし、知らないというだけならばよかったが、困ったことに、この措置に対して異議を申し立て、なぜあのようなものが選定に入るのか、という意味の談話を発表した。そのことが大きく新聞に報道された。

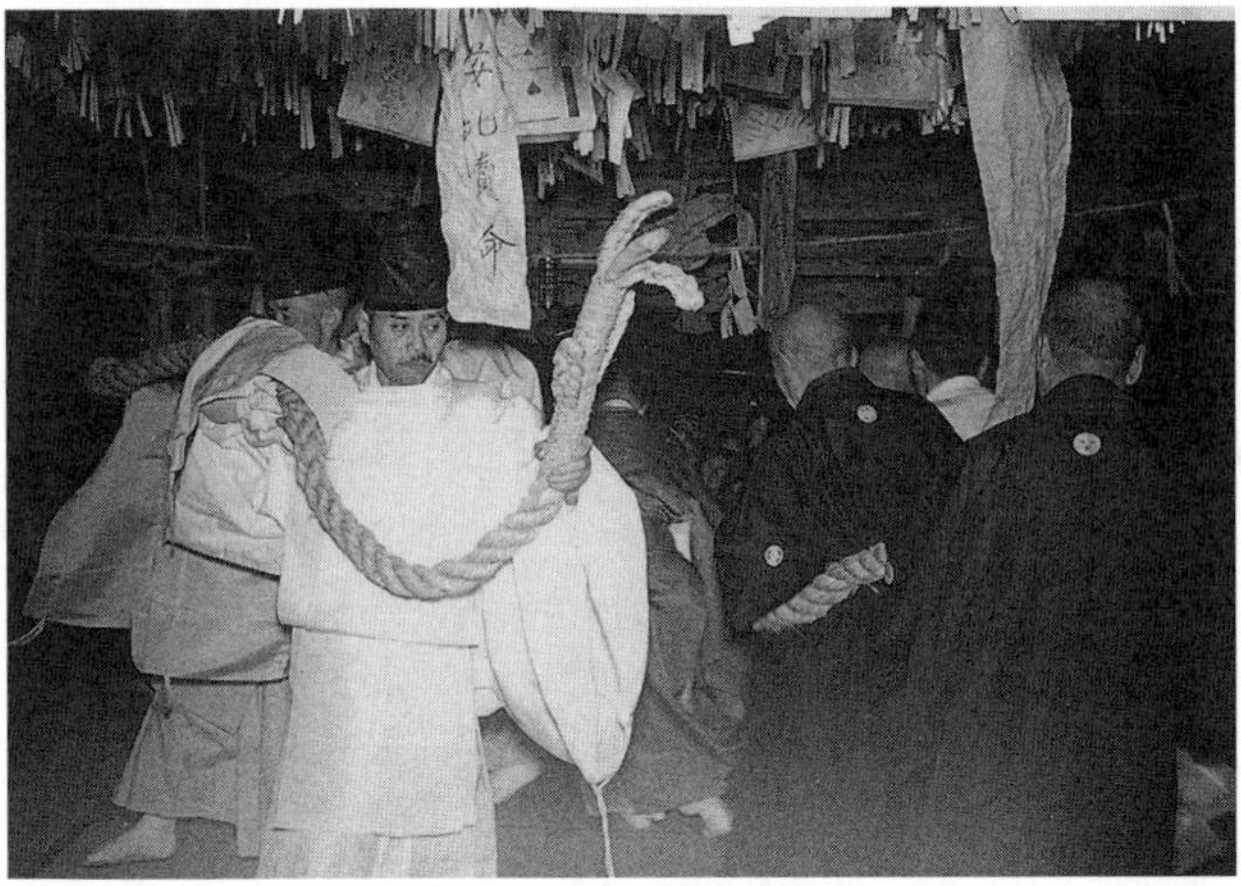

大元神楽の綱貫（昭和27年）

報道記事なので、一言一句談話どおりであったかどうかはわからないが、とにかく大元神楽なるものは「神楽というよりむしろ神事で、こんな神事が無形文化財に指定されるくらいなら、もっと貴重なものが県下にある」といい、さらに「このような神事は出雲にもあって、出雲の荒神まつりに石見神楽が加わったようなもので、奏楽の曲目も石見神楽の祖先の佐太神能とほとんど同じだ」と話したとある。（昭和二十七年六月十一日朝日新聞、島根版）

なんともお粗末、というより乱暴な発言で、しかも重大なまちがいまである。

実をいうと、このとき私も島根県の文化財審議委員ということになっていた。委員はたしか十九人で、みんないわゆるお歴々であった。その中で私はまだ三十そこその若輩だったが、この部門に関しては他に人がいないからといわれるので、勇を鼓して出ていたのである。

出るからにはしっかりしたことをいわねばならない。それでそのつど準備をし、他の部門の方々にもわかってもらえるように努めた。大元神楽についてももちろん説明している。

ところが、そういうとき県の担当者は落ちついて聞いていないのである。担当者といってもそのころにはたったお二人で、それもみなご老体の嘱託ばかり。そのご老人方が大事な審議会だというのに、立ったり座ったり、抹茶をたてたり、自分が考案した菓子の自慢をしたりばっかりで、じっとしていない。ましてやメモをとるなどのことはしていない。雑談も多く、せっかくの会が真剣な討議の会になっていかないのである。ことに私のような若い者がいうときには、もう初めから聞く姿勢はとられない。

なんだ、これではだめだ。人をせっかく委員に委嘱しておいて、その者が一所懸命大事なことをいっているのに、ちっとも本気で聞こうとはなさらない。こんなことなら委員になっていても意味がない。と、だんだんそう思うようになっていったのである。その揚げ句がこれであった。

そうしたころ、たしか電車の中でだったと思うが、大社の水師重吉氏が、なんと、大元神楽について県がひどいことをいっている。あんたも委員になっているはずだが、あれは委員会の総意なのか、といわれる。いやそうではないといっておいたが、はて、こういうことだと他にもまだそう思う人があるかもしれない。さしむき邑智郡の牛尾さんなどはどう思うだろう。とそう思うことから、どうもだまっているわけにはいかなくなった。それで『山陰新聞』に「民俗芸術の批判―大元神楽問題に寄せて―」と題して一文を投じた。

書いたことは、要するに神楽を評価するのにはそもそも神楽とは何であったか、というところからしていかねばならない。神楽はけっして単なる芸ではない。本来神事そのものであり、それが次第に人を意識することによって観賞芸にまでなっていったのだが、大元神楽にはまだその本質が失われていないところに意義がある、というごく当たり前のことをいっただけだった。しかしそれは、県の担当者の見方とは完全に相反するものではあった。

佐陀神能と他の出雲神楽

文化財保護法が制定された昭和二十五年ごろは、戦争中の反動として文化国家の建設ということが合言葉のように言われていた時期であった。

そういう空気の中で、出雲市でもこの文化財保護行政という新分野を自主的に進めようという動きが出たらしく、審議会が設けられ、委員が委嘱された。それにまた私も誘われた。

最初の仕事は市内を回って目ぼしいものをマークすることであった。メンバーは錦織弘二郎、安達貫一、美多実、延原肇、池田満雄の各氏、それに私の六人で、担当者は後に局長になった平井辰郎氏であった。

何回かの巡回の後、一応の目安が立ったので、その成果を市から『出雲市文化財調査報告』として刊行した。第一集は昭和三十一年四月、第二集は三十五年十二月であった。この第一集に私は獅子舞を、第二集に神楽を総括して書いた。

神楽は市内にそのころ十三団体あり、みないわゆる出雲神楽の型を踏まえるものとなっていたが、そこには当然少しずつの違いがある。そこでこの中から指定に値するものを選ぶとなると、そこにはっきりした基準を設けねばならない。そういうことがそのころにはまだ全国的にもはっきりしていなかったのである。

ただ出雲神楽の場合は、古来著名なものとして佐陀神能《さだしんのう》というものがあるので、これと比べてどうかということが一つの目安にはなった。けれどもその比較の仕方に問題があった。

伝えるところによると、佐陀神能は近世の初め佐太神社の幣主祝《しでぬしのはふり》宮川兵部太夫秀行が京に上り、そのころはやりの猿楽能の所作を学んで帰り、その所作によって神話・縁起を内容とする神事芸能をつくり上げた。これが今日いう佐陀神能の起こりであって、以後これにならう所が増え、その範囲が次第に広がっていった。だから今日、出雲の各地に多い神楽はみなこの佐陀神能の亜流であるというのが、そのころ何とはなしに信じられていた出雲神楽の起源譚《たん》であった。

たしかに出雲各地の神楽にはみな佐太と共通した形が見られる。構成が七座《しちざ》・式三番《しきさんば》・神能という三部構成になっている。曲目にも佐太と共通した名前のものが多い。ただ佐太以外のものとなると、その形が必ずしもきちんとはしておらず、地謡《じうたい》も少なくなり、大鼓・小鼓を使うこともなくなってくる。だからそこのところだけをとってみると、佐太以外のものはやはり亜流であり、あるいは亜流のまた亜流であって、本物は佐太神社のものだけだということになってしまう。

しかし、それならばこれを文化財として指定するのにも、もう佐陀神能一つを取り上げさえすればよいことになるが、はたしてそう単純に割り切ってしまってよいものかと思われてきた。

そこであらためて曲目の一つ一つに当たってみると、地方の神楽には佐陀神能にない曲目がいっぱいある。ではそれらはみな後からの思いつきによるものかというと、どうもそうとは思われない。たとえば「山の神」のように、古い神体出現の神楽の名残と思われるものもあり、また「五行」「弓鎮守」のように、陰陽師《おんみょうじ》あるいは修験者《しゅげんじゃ》によって伝えられてきたかと思われるものもある。さらに「勧請《かんじょう》」に天蓋《がい》を操作すること、「散供《さんく》」の段で本当に米をまくことなど、佐陀ではすでに失われている形が他地方にはなお残っている。

だから、これはやはり佐陀以外の神能にも注目すべき部分が多々ある。いや、むしろ出雲神楽の古い形はこういうところにあるのではないかとさえ思われてきたのである。

もちろん佐陀神能は佐陀神能として立派である。何といっても近世の初期という、全国的にも、ひょっとすると一番早い時期にあれだけ格調の高い神事芸能をつくり上げたのだから、これを今日神楽の代表として取り上げることに異論のあろうはずはない。しかし、今日なおローカルなままにある神楽を見るときには、またそれなりの別の基準をもってせねば、その価値を評価することはできぬのではないかと思われてきたのである。

行政調査の一環として

昭和二十七年に設置された島根県文化財審議委員は、その後条例の制定に伴って文化財専門委員と名を変えた（それが今日ではまた保護審議委員となっているが）。そのとき私はもちろんこれに加わっていなかった。

ところが、それから三年ほどたったころ、担当のI老人がわざわざ来られて、また委員になってくれといわれる。どうした風の吹きまわしですか、私を委員にしなさるとまたぞろ内部告発をしますぞ、といったが、いや、そんなことをいわないで、人も変わったことだし、とにかく何もいわないで出てきてくれといわれる。それでまたお受けすることにしたのである。

出てみると、なるほどすることがいっぱいある。国からの要望もあり、各県とも民俗芸能の指定をいそがねばならないことになっていた。それでさっそく担当者とともに指定申請のあった所へ見に行くことが始まった。

そのため、図らずもこの昭和三十五、六年というころには、佐陀神能をはじめ、大原郡の神職神楽・海潮神楽・槻之屋神楽、出雲市の見々久神楽、飯石郡の奥飯石神楽、邑智郡の大元神楽、浜田市の有福神楽、那賀郡の井野神楽、鹿足郡の柳神楽、隠岐の島前神楽、島後の原田神楽、久見神楽などを次々と見て回り、記録にとった。

これは私個人にとってもありがたいことであった。なにせ今度はこちらから見せてくださいという調査ではなく、向こうさんから来てくれといわれての調査である。資料もすべて整っているし、演技にも手ぬきはない。質問も詳細に答えてくれる。おかげでノートが詰まり、写真も次々とたまっていった。

こうして三十六年から、この指定調査に基づく県指定が始まり、やがてその中から国による重要無形民俗文化財指定も始まってくるのであるが、そうなるまでのところで私は県の教育委員会の内部に入ることになった。

昭和三十七年からのことで、そのことについては前にも触れたが、とにかくこうなると神楽調査も月給をもらっての仕事になる。それで指定調査のとき、急ぐあまり記録が大づかみであったところへはもう一度改めておじゃまし、所作《しょさ》の一つ一つをみな図取りさせていただくことにした。

そのため三十九年からやはり佐陀神能をはじめとしてその記録を次々として回ったが、四十年代の中ごろになると、例の風土記の丘の設置作業がつかえて、ほかのことは何もできないようになった。そのためせっかくとった記録の出版もできなくなり、予算も流れてしまったが、これは何としても惜しいことであった。

なお、この調査のとき、勝部正郊氏が同行したいといわれるので、初めは無給で、後には臨時専門委員ということになっていただいて同行してもらったが、録音その他の面でずいぶん協力していただいた。

花祭の榊鬼（昭和37年）

ところで、こうして島根県内の神楽がざっとにもせよわかってみると、これをもっと広い立場からも見ていかねばならなくなる。そうしないと、出雲神楽・石見神楽・隠岐神楽といってもこれを正しく位置づけることができないからである。

そこで時たま他府県へ出張することがあると、あるいは文化庁へ連絡に行くことがあると、その前後を利用して、時には休暇をとって数日延ばして、できるだけその地方の神楽を見て帰るようにした。むろん行ったからとて、そこでいつでも見られるものとは限らない。しかし話を聞くだけでもよかったし、ときには一部を実演してもらうこともできぬではなかった。

こうしてこの時期、伯耆・因幡の執物舞、備中荒神神楽・備後安宿《あすか》神楽・安芸の阿刀《あと》神楽・長門の兎《と》渡谷《どろく》神楽・周防の夜市畑《やじばた》神楽・小郡町岩屋神楽・伊予の立川神楽・宇和島の神職神楽・土佐の池川神楽・物部《ものべ》村伊弉諾《いざなぎ》流の神楽・阿波の三好神楽、東国では武蔵の御嶽神社の神楽・陸中浜の法印神楽、さらに北海道松前神楽なども、形だけではあるが見ることができた。

その他、これはまだ教師時代であったが、夏冬の休みを利用して豊後の佐伯神楽、日向の高千穂神楽、肥前の平戸神楽、壱岐神楽、対馬の巫女《みこ》舞、三河の花祭などにも行った。花祭では芳賀日出男氏のお世話になり、ともに完全に二夜連続徹夜の調査なしとげたが、もうあんなことはできうべくもない。

出雲流という言葉

昭和五十年代ごろまではまだそうであった。四国・九州あたりへ行って神楽の祭場をのぞくと、「はあ、出雲から来られましたか」といってまず驚いてくれる。そして「出雲は古い、なんといっても神楽の本場だ」といって持ち上げてくれる。

しかし、そこまでならば何ということもないが、そのあときまっていわれることがあった。それは「ここも出雲流ですよ、ですから古いのですよ」ということである。

つまり出雲神楽というものを非常に古いものとしてまつり上げ、その直系なるが故にここのも古い、価値高いのだというふうに思ってくれているのである。

本当にそうならわれわれ出雲人としてこれほどありがたいことはないが、事実はけっしてそうではないのである。型を見ても奏楽を聞いても出雲のとは全く違うし、そもそも構成からして似ても似つかぬ形になっている。であるのにこれを出雲流だときめてしまっているのには、やはりそれなりの事情があった。それは文化庁の出版物にそう書いてあるからであった。

佐太神能の武甕槌（昭和35年）

文化庁が発行するものであるから、それこそ国定教科書ともいうべきものだとわれわれは思うのだが、その『民俗芸能神楽』に全国の神楽を四つに分類し、巫女舞を主体とするものを巫女神楽、獅子《しし》舞を中心にすえるものを獅子神楽、湯立を主体とするものを伊勢流神楽、そして直面《ひためん》の執《とり》物《もの》舞と着面の神舞とが組み合わさって成る、神話劇を主とするものを出雲流神楽としてある。

研究には当然分類が必要である。しかしそれには詳細な分析とそれに基づく比較がなければならない。ことに神楽のような、いろいろな要素を総合した、そしてまた多分に信仰とも未分化の要素の多い芸能に対しては、よほどの慎重さがなければ分類などできることではない。それをただ着面のものが出てくるからというので、その一番手のこんだ出雲のがこの類では一番古い。だから他のものはみなその亜流だときめてしまうというのは、なんともお粗末としかいいようがない。

それにこの伊勢流・出雲流・巫女神楽・獅子神楽という分類には、分類それ自体に問題がある。伊勢流・出雲流というのは地名をもってする分類である。巫女神楽というのは舞う人による分類であって、これを一つの柱として立てるならば、これに対応するものとしてはたとえば神主神楽とか山伏神楽とかいう言葉をあげるべきである。また獅子神楽というのは芸態による分類であって、これを立てるならば、それこそ湯立神楽とか執物神楽といった言葉を持って来るべきであろう。

このように、もともと概念の範疇《はんちゅう》の異なる用語をもってきて、それで全体を区分するということ自体がまちがいなのだが、そのことは一応おくとしても、問題はこのために普及してきた出雲流という言葉と、それによる思いこみである。

なるほど着面演劇風の神楽としては出雲のが最も練れている。神話・縁起を巧みに劇化しているし、所作も複雑に練れ、奏楽も格段に発達している。奏楽だけをとってみても、佐陀神能では大鼓・小鼓を入れるので全体が二十四、五曲くらいにはなっている。佐陀以外の出雲神楽では鼓を入れないが、それでも鼕《どう》・太鼓だけで十五、六曲くらいには打ち分けている。これに対して四国・九州あたりの神楽となると、せいぜい四、五曲くらいにしか打ち分けていない。そもそも小太鼓を使わない所さえ少なくないのである。

このように、出雲の神楽はたしかに他地方の神楽より複雑であり、発達しているといってよい。しかし、だからといって歴史的にも出雲がまず古く、他のはそれにならってできたものだとしてよいのか。

事実はけっしてそうではないと思われるのである。

「岩戸」による比較

神楽は全国にわたって多く、神楽組あるいは神楽団、もしくは神楽社中と呼ばれる団体も、したがって全国では千をもって数えるほどになっている。だから曲目も多く、その内容もいろいろである。しかしその中には各地の神楽に共通して見られるものも当然少なくはない。中でも多いのが「岩戸」、つまり天の岩戸の神話を内容とするものである。

そこで、この「岩戸」の一曲をとって比較してみる。

まず出雲の「岩戸」である。もちろん出雲の「岩戸」といってもまたいろいろであるが、それでも基本的には大体同じである。

初めにまず思兼命《おもいかねのみこと》が出る。そして事の次第をいい説くと、そこへ太玉命《ふとたまのみこと》と天児屋根命《あめのこやねのみこと》とが出てきて祭りの支度をし、祝詞を上げる。そして一隅に控えると、そこへ天鈿女命《あめのうずめのみこと》が出てくる。そして巫女神楽を上げる。すると屏風《びょうぶ》で囲んだ岩戸の前が少し開く。それを見て手力男命《たぢからおのみこと》がおどり出、その戸を開いて中から天照大神をさそい出すというふうになっている。つまり全体が劇風になっているのである。

石見・備中・備後あたりの神楽を見ても、その一つ一つの所作・詞章・奏楽はもちろん互いに違っているが、その構成の具合、劇としてのいわば練度においてはこれとほぼ同じであるといってよい。

ところが、これの外側ともいうべき、隠岐・安芸の南半・周防・豊前・豊後あたりの「岩戸」となると、その様子が大きく違うのである。たとえば隠岐の久見《くみ》では初めにまず手力男命が出る。そしてこれが力強く舞って入ると、そこへ天児屋根命が出てきて四方をつけて舞う。そして一方に控えると、そこへ天鈿女命が出てきて静かに舞う。すると背後の幕が開いてそこから天照大神を象徴する大幣が現れ、これで終わりということになる。その間、言葉のやりとりはなく、もちろんからみもない。つまり全体が岩戸の神話で裏打ちされてはいるが、劇としてはまことにあっさりした、はっきりいって未熟なものとなっているのである。

ところが、この形が中国地方でも長門の各地、さらに四国の大部分、そして九州でも中部以南の神楽となるとまた変わってくる。ここらあたりではそもそも「岩戸」という曲が一つの曲としてまとまっていないのである。たとえば宇和島の伊予神楽の場合でいうと、ここでは「古今翁の舞」「飛出手力男舞」「神体鈿女舞」というそれぞれ独立した三曲が連続して舞われ、これで岩戸の神話が説明されるという形になっている。つまり単神出現の舞の連続という形になっているのである。

これは「岩戸」の場合であるが、他の曲についてみても同じである。つまりこの西日本一帯の神楽には、①それぞれの曲がみなそれなりにまとまった劇になっているもの、②まとまってはいるがまだ完全な劇にはなっていない、いわば多神同時の舞ともいうべき形になっているもの、③「岩戸」としてまとまってはおらず、一段一段がみな単神出現のままの状態におかれていて、その三番なり四番なりの舞を通じて見ることによってはじめて、はあこれで「岩戸」なり「五行」なりになるのだということが察しられるというもの、の大体三つの形になっていることが知られるのである。

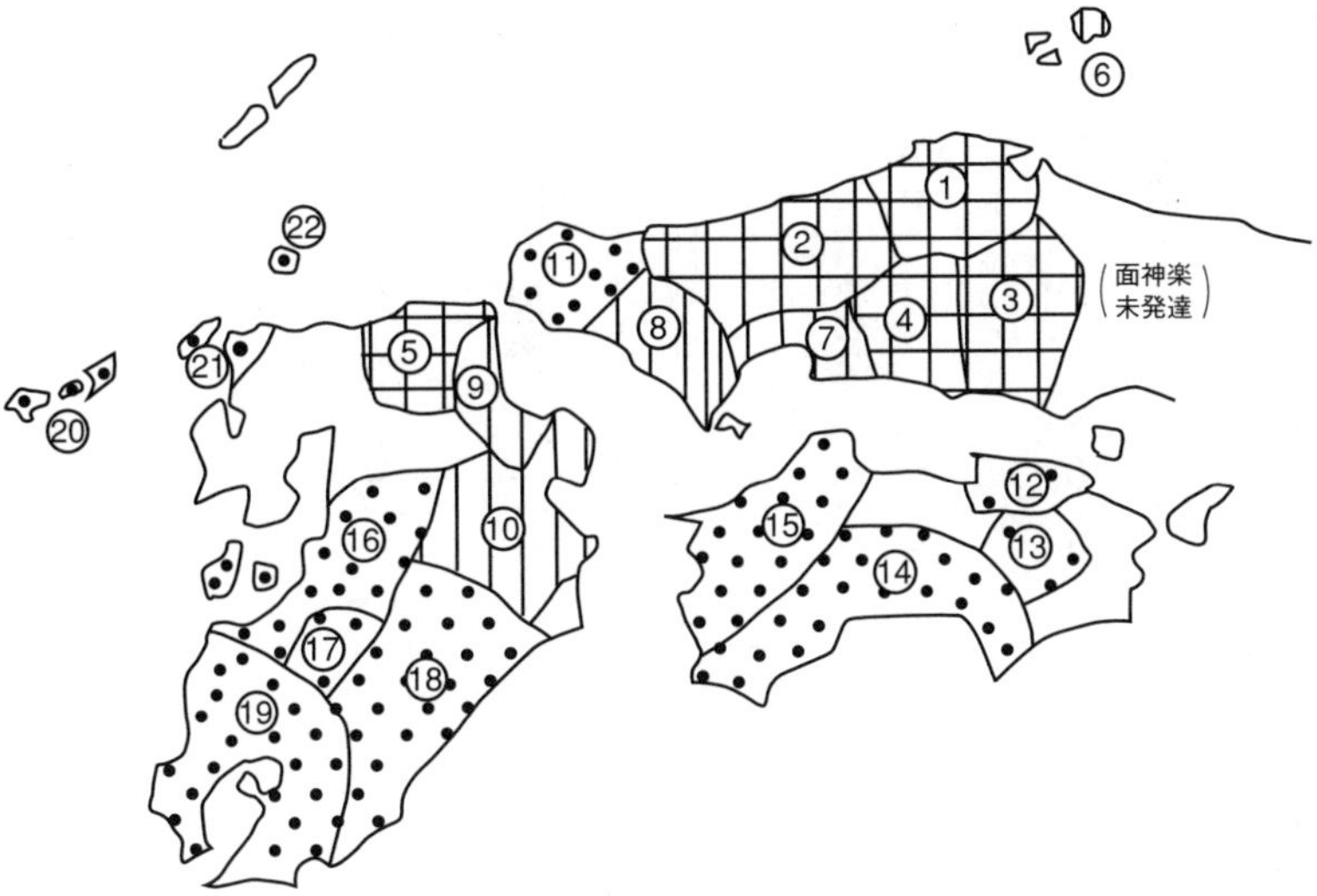

1 出雲神楽
2 石見神楽
3 備中神楽
4 備後神楽
5 筑前神楽
6 隠岐神楽
7 安芸十二神祇
8 周防の神楽
9 豊前神楽
10豊後岩戸神楽
11長門の神楽
12讃岐の神楽
13阿波の神楽
14土佐の神楽
15伊予の神楽
16肥後神楽
17求麻神楽
18日向の神楽
19神舞
20五島神楽
21平戸神楽
22壱州神楽

そこで問題はこれの前後関係である。通常いわれているところに従えば、このうちではまず①が古く、それをならうことによって②ができ、それをさらにならうことによって③ができたということになるが、どうもそうとは考えられなくなってくるのである。

もし本当にそうなら出雲に近い石見や隠岐・備中などの神楽にはもちろん、遠い四国や九州などの神楽にも少しは出雲の要素が見られてよさそうなものだが、所作を見ても奏楽を聞いても出雲と共通する要素はどこにもない。

だからこれはむしろ反対であろう。つまり一応まず単神出現の単純な神楽が成立し、それが時とともに複雑になり、そしてついに劇とまでなってきたものが今日、出雲・石見・備中・備後などに見る、神能あるいは能舞といわれるものではないか。そしてその劇を能楽の方式によってさらに整備したものが出雲の神能であろう。したがって歴史的には四国・九州におけるものの方が古く、これが出雲の神能にとってもむしろ祖形というべきものではないかと考えられてきたのである。

出雲神楽の成立

もう一度出雲神楽について考える。

周知のように、出雲の神楽では直面《ひた》つまり素面の執物舞と着面の神舞とが前後にはっきり区分されている。つまり執物舞の方は七座といわれて初めに全曲が一括され、神舞の方はそれぞれ神話劇風に仕立てられて後半にまとめられている。

もちろん全体が区分されているという形は隠岐にも備中にも見られる。しかし隠岐・備中では、後半の面神楽がすんだのち、そこでまた若干の執物舞が舞われ、しかもそこで神おろし、あるいは神がかりがあるのが本式だとされている。これに対して出雲では面神楽がすんだ後にはもう何もない。つまり執物舞というものが、もともとは神体出現の舞であったはずの面神楽から完全に切り離されて先にまとめられた形になっているのである。

ではその七番をもって原則とする執物舞はどういう構成になっているかというと、たとえば最も整然としている佐太の七座の場合でいうと、原則として剣舞・散供《さんく》・御座《ござ》・清目・勧請・八乙女《やおとめ》・手草《たくさ》という順になっているが、これはとりも直さず神祭りの次第そのものであるといわねばならない。
つまり剣を執って悪魔を祓《はら》い、御供《ごく》を散らして荒らびうとび来るものを送り返し、そこへ神座を設け、これを清め、そして神霊を迎える。それを行うものは本来聖なる女性であり、それが手草を執って神がかりになるという順序がこういう形を生じてきたものと思われるのである。

もともと神楽は人に見せて楽しませるためのものでなく、カクラすなわちカミクラ（神座）を設けて神霊の降臨を乞《こ》い、その意を受けて暮らしの安泰を願うという、つまりは祭りの手段として始まったものであった。だからその中心に立つものはつねに霊を身に受けやすい女性であったわけであって、その伝統が今でも南島には残っている。

しかし、本土の方となるともうそういう原始素朴な形のものは残らない。巫女舞は続いていてもそれはただ華麗な舞踊という形のものにしかなっていない。そのかわり本土では早くから男性舞が発達し、そしてまた着面して神になって現れるという形のものが発達した。

その結果、この着面の神舞が次第に複雑になり、とどのつまりは劇にまでなったので、神楽といってもそれが神出

日向米良神楽の大明神の出。まわりに神職が正笏して伺候している。足元に散らばっているのは氏子が散いた賽銭（昭和48年）

現の姿だということがわからぬようになってさえいるのだが、それでもまだたとえば神歌の中に「幣《ぬさ》立つるここも高天原《たかまがはら》なれば、集まりたまえ四方の神々」といった、どうぞ神々たち来てくださいといった言葉が残っているし、一方面神楽の方にも、劇化のあまり進んでいない地方の神楽には神体がつねに一体ずつしか出てこないという形のものが少なくない。

その一番徹底している所は九州山脈のどまん中ともいうべき宮崎県米良《めら》の神楽であるが、米良だけでなく、椎葉でも高千穂でも、神楽はまだ基本的にそういう形になっている。つまり、神を誘い出す執物舞があると、それに応《こた》える単神出現の舞がある。また執物舞があるとそれに応える別の単神出現の舞があるという形であって、全体がそういう単神出現の舞の連続になっている。だからそういう形の神楽を見ていくと、これこそ現在最も華やかに舞われている演劇風の神楽の、一つも二つも前の形であることがはっきりしてくるのである。

そういうことを考えていたころ、昭和四十二年であったが、母校の『日本文学論究』から「芸能の歴史と民俗特集」を出すから何か書けといってきた。それで「出雲神楽の成立をめぐって――中国地方の諸神楽における出雲神楽の位置――」と題するものを書いたが、あれがあのころの私の拙《つたな》い考えの総括であった。

なお、この前後ごろ神楽に関して書いたものとしては、「備中荒神神楽の研究」(『国学院雑誌』六二―一〇)、「方一間クモの下の神楽」(『季刊文化財』9)、「神話劇風の神楽の成立」(『季刊文化財』20)などがあり、口頭発表としては「いわゆる出雲神楽の成立について」(昭和四十四年度日本民俗学会年会)があった。

西日本の諸神楽を踏まえて

昭和四十八年の四月であった。久しくごぶさたしていた祝宮静先生から親展書がきた。何ごとならんと開いてみると、なんと、思いもよらぬことが書いてある。

君もあと二年くらいで役所が定年になるはずだ。しかし人生は長い。これからこそ仕事をしてくれなくてはならぬ。それにはやはり肩書がいる。この際思い切って学位論文を出せとあるのである。

これはしたり、一体どこを見込んでこんなことをおっしゃるのやら、恩師なればこそとは思うものの、もともとそんなに能力があるものとは思っていない上に、今はまだ往復に三時間もかけて役所通いをしている。こんな状態では学位論文はおろか、小さな本を一冊書くのさえ容易ではありません、といって、平におことわりをした。

ところが、先生、うんといってくださらない。言葉は例によって柔らかだが、とにかく人がせっかく田舎にくすぶっているものを引き出してやろうというのに、なぜしりごみをするかといった、督励というより叱責《しっせき》である。それが二度までもきた。

そこで仕方がない。一応今までの執筆一覧をつくってお目にかけよう。そうすればああやっぱりこんな程度か、これならば今すぐにはむりだと思ってくださるだろうと思ってそれを送った。

ところが意外や、これでよい、この中のこれとこれとを骨にして展開させ、大急ぎで最低五、六百枚くらいにまとめろといわれる。

たまたまその年、島根県の教育委員会ではそれまで社会教育課の中に入っていた文化財保護室が独立し、文化課となって課長には事務系のベテランがすわった。それで今まで文化財の仕事を一手に引き受けていた私は自然宙に浮いた形になった。それで助かったのである。もしあのとき前年までのような状態が続いていたのならば、どこからどういわれてもできることではなかったのだから、これもやはり目に見えない大きな力の支配によるものといわねばならない。

しかし、主査が肩書だけの主査になったといっても、何も用がないようになったわけではない。出勤してそれなりのことはしなければならないのだから、その往復に時間をとられていたのではどうにもならない。そこで松江の旅館に泊まりこむことにし、朝は宿から出てぎりぎりに出勤し、夕方は退庁時刻を待ちがてに宿に帰る。そして二時、三時までがんばる。そして一週間くらいもたつと持って行った資料を使い尽くすので、土曜日には自宅に帰り、たまっている家の仕事をかたづけ、月曜にはまた資料を入れ替えて松江に行く、というようなことをそれから小一年も続けたのである。

しかし持っている資料には限度がある。どうしてもまた歩かねばならない。もう有給休暇の余りはなくなっているが、こうなれば周囲に気遣いなどしてはおれない。つらの皮を厚くして二度三度と出た。できるだけ夜行を利用し、行った先ではタクシーを飛ばし、日向の米良では徹夜して記録をとった。米良から高鍋へ出てまた記録をとり、日豊線に乗ってちょっと眠り、豊後の杵築で土地の研究家染矢多喜男氏を訪ね、話を聞いてまた列車に乗り、そして小倉までの間でまた眠る、というようなむちゃなことをやったのである。

その間、祝先生からは早く早くと督促がくる。どうしてそんなに急がせられるのだろうと思ううち、だんだんわかってきたことは、先生、そのころすでにがんであることを自覚していられた。それでぜひとも自分が元気なうちにというお気持ちからいってくださっていることだとわかって、それこそ涙がこぼれるほどありがたいことに思ったが、そう思っても、だからといって早くできることではない。

やっと四十九年の初夏になって格好がついた。たまたまそのとき娘が大学四年で、もう単位はとったといって帰っていたので、これに片っ端から浄写させ、「里神楽の成立に関する研究――中国・四国・九州地方を中心に――」と題する千二百枚を母校の大学院事務局あて発送したのは夏休みに入る直前であった。

その間、祝先生はやはり入院された。幸い経過はよかったが、安心してはおれない。また家では寝ながら何かと気を遣っていてくれた父が、私が帰ってきて奥の部屋に入ると、それまではガンガンいわせていたテレビをすっと小さくしてくれていた父が、六月八日、事の決着を見ずに急逝してしまっていた。

最後のテスト

学位論文は教授会を通過すると、その内容を印刷して公刊しなければならない。ところが、私の場合は急いで仕上げてしまわねばならなかったので、事例として挙げた神楽の中に実際には見ていないものがいっぱいあった。もちろん現地を訪れることは訪れ、話を聞くことは聞いているが、やはりその実際に合わないと自信を持って取り上げることができない。

ところが、神楽などというものはいつ行ってもあるというものではない。それでとりあえず出してしまっておいたのだが、これではいけないので、引き続き補充調査、というより確認調査に出る必要にせまられた。しかしそのころにはまだ勤めの身だったし、そうそう勝手には出られない。

ところが一方、審査の方も主査の臼田甚五郎教授、副査の高崎正秀先生が交代で胃潰瘍《かいよう》になられ、入院・退院をくりかえされたため、例になく遅れた。

やっと五十年度の終わりになって審査が終わり、教授会を通過し、同時に新制大学院博士課程単位修得の認定もきまった。それはくしくも私の勤め人生活の最後の日とほぼ同時であった。

そこでいよいよ気がねなく確認調査に出ようと思うが、今度は時期的に具合が悪い。春・夏には神楽がないのである。それで秋を待ち、それでもまだ採取できない所があったのでもう一年延ばし、結局この確認調査に二年余を費やした。その間もちろん他の仕事もいっぱいある。五十一年には祝先生の「古《こ》稀《き》記念著作集」の編集・校正から発送の仕事まで、これはご恩返しだと思って一手に引き受けてやったし、五十二年には第一法規から数年越しにたのまれていた『出雲隠岐の伝説』をかたづけた。その他出版社から注文があると、これは何よりも旅費かせぎになることなので、つとめて応じるというふうにした。

そんなこんなで神楽の方はやっと五十三年の秋になって補充を終わり、かねて契約してある神田の慶友社へ送った。その間、祝先生はたしか三度入院され、しかしそのつど生き返ったといって元気にしておられた。

晩年の祝宮静博士（昭和35年）

五十四年一月になり校正が出始めた。それを初校、再校、三校と繰り返し、あともうひと月くらいとなった四月二十一日の朝であった。なんと、まさに晴天の霹靂《へきれき》ともいうべき電話に接した。

祝先生の奥様からである。「昨夜、主人が亡くなりました」と。はあ！といったきり暫時は声も出なかった。

もう少し、もうほんの少し待っていてくださっていたならば、いや先生の方ではない、私の方がもう少し手ぎわよくやっていたのなら、これを見ていただくことができたものを、とまさにそれこそほぞをかむ思いを抱きつつ、飛行機がとれぬのでその晩の出雲号に乗った。

東京に着いてちょっと引き返し、藤沢のお宅に伺ったのは翌二十二日の十時を回っていたろう。伺ってみると奥様は奥の間で倒れておられ、倅《せがれ》さんがいかにも困りきったという顔をして電話にしがみついておられる。とりあえずお悔やみをいうと、「ああそうだ、ちょうどいい、石塚さん、あなた葬祭をやってくれませんか」といわれる。どうしたことですかといえば、実は昨夜、通夜祭に近くの神職をたのんだところ、その人がへまばかりやって、とどのつまりは御霊の名前までまちがえてしまった。折も折とて雷鳴がとどろき、大雨が降り出した。それで母がすっかりいきり立ってしまい、お父さまが怒っていらっしゃる、もうあの人ではいけないといって聞かない。それで今朝から方々へ電話しているのだが、今のこと今なので引き受け手がない。ぜひたのむ、あなたやってくれ、とおっしゃる。

そうおっしゃっても先生の葬斎主を私がやってしまうわけにはいきますまい、といってたじろいだ。けれども、そうこういっているうちにも時間はどんどんたつ。午後一時になれば会葬者が集まって来るので、このままだと大ごとになる。ついに意を決した。

だれかがどこかへ鈍色《にび》の袍《ほう》・冠・笏《しゃく》・白衣・白足袋の一切を借りに行く。私は二階に上がって誄《るい》詞の作成にとりかかった。手元に文例はなく、ただ記憶をたよりに二度三度と書き直し、十二時すぎやっと形をなしたので窓ごしに下を見ると、すでに前庭に神社本庁・文化庁・大学関係者・学会関係者らがずらりと並んでいる。奥様のお里の関係で宮内庁からも来ていたかもしれない。もう時間がない。誄詞の下書きをそのまま七折半の奉書に張り、着服して下の斎場へ下りて行ったが、なんと、この先生には最後の最後までテストされることだったなあ、と思ったことである。

あとがき

さて、「民俗学六十年」と題して、この六十年間の思い出をつづってきた。つづったことは、要するに私自身の〝健闘〟といいたいところだが、実際にはあがき、もがきの跡であった。顧みて気はずかしい限りである。

見出しとして掲げたのは、サエの神に始まり、タタラ、納戸神、つき物、イエの神ムラの神、歳時習俗、行政調査と物の民俗、そして神楽、と続く八項目であったが、このうち行政調査と物の民俗のことを別とすれば、あとはすべて広い意味での信仰に関するものだということになる。タタラはそれ自体信仰ではないが、私が見つめたのは、その特に禁忌・呪術・守護神に関する面であった。だからこれもやはり信仰である。また神楽は通常芸能として扱われているが、私が心をそそられたのはその特に祭祀としての面であったから、これも芸能のオーソドックスな研究ではなく、やはり神信仰、神祭りの研究であったということになる。

だから私がやってきたことはといえば、要するに、衣食住に始まり、生産生業・社会伝承・人生儀礼とあって心意現象に至る各部門の中の、狭くいえば信仰伝承、広くいってもそれに年中行事・芸能・心意現象の一部を加えたくらいのところであったということになるわけである。

これは初めからそうしようと思ってしたことではないが、次々とつき当たる課題がみな難問であって、いきおいそこにのみ注意が集中し、いまこれをふりかえってみると結局この部門ばかりやっていたということになるわけである。

もちろん民俗学を勉強するからには、広くすべての部門に目を向けていかねばならない。事実それにつとめてはきた。衣食住に関しては木綿・麻以前の藤布時代のこととか、米食以前の雑穀時代のこと、また生産生業・社会伝承に関しては、ユイ・モヤイのこと、正条植え以前の乱植え時代のこと、あるいは正条植えの道具のことなどについても、それなりに追究してみたことはある。しかし、それらは結局調査して事例をふやしたというだけのことで、それによってその部門の研究を深めたというほどのものではなかった。

その他、いわゆる民具の一般や、昔話・伝説といった面についても、若干は深入りしたが、前者については、本文でも触れているように、所詮は文化財保護という仕事の委員なり職員なりとして、いわば職務でやったことであり、また後者については、たまたまそのとき出版社からの依頼があり、それに応えてやったことにすぎなかった。だからこれらは到底研究という体のものではなかった。

要するに私の仕事は、民俗の信仰伝承の面を少しばかり掘り下げたということであった。ただあえていえばもう一つ民俗の地域差・地域性の問題があった。これは写真にならないことなのでこのたびは出さなかったが、実際にはこれも以前からやってきて、今も続けている。

地域差というのは、地域によって民俗の様相が違うが、それがなんによるかということである。たとえば出雲や伯耆では、正月になれば今でも大抵の家でしめを張り、もちをつき、また古い家では七草・くわ初め・木祭りといった行事をするところがないでもない。ところが、石見から安芸にかけての地方では、そういうことがいたって簡素になる。そればかりでなく、石見・安芸あたりでは家に神棚がないという所さえ少なくないようになる。ましてや屋敷神とか、一族共同の荒神さんというような信仰は、聞き出すことさえむずかしくなる。それが出雲から東、山陽でならば備後から東の地域になると多くなる。

こういう生活慣行の違いが何によるか、その背景ないし基盤となるものは何かというのが、この民俗の地域差・地域性の問題である。これを実は今もやっているので、なんとかもう少しはっきりさせたいというのが残された念願である。

民俗学会半世紀の回顧

——島根民俗通信・出雲民俗・山陰民俗の総括——

はじめに

山陰民俗学会をはじめてから今年（平成五年）でちょうど四十年になる。機関誌『山陰民俗』も今年で六十号になった。六十といえば干支《えと》一巡の年数であり、人間でいえばちょうど還暦ということになる。そこでこれを機会に学会の方針を改め、機関誌も構想を変えようということになった。そこで、この際総ざらいという意味で、ここに本会の始まりから今日に至るまでのところをあらあらでもたどっておこうと思う。

ところで、本会は今年で四十年になるといったが、実はその前段がある。すなわち出雲民俗の会の時代があり、そのさらに前には島根民俗通信部の時代がある。そこでいま本会成立の経緯を明らかにしようとすると、どうしてもこの島根民俗通信部の時代にまで遡《さかのぼ》っていかねばならない。しかしそうするといきおい当時の私自身の私的なことにまで触れねばならなくなるので、まことに気恥ずかしい。けれども、そこをぼやかしたのではこの会をつくった当時の事情がはっきりしないし、またあの敗戦直後の諸事不如意であった時代に、いろいろ奔走してくれられた大勢の同学の士の苦労も語らずにしまうことになるので、烏滸《おこ》がましいが、やはり率直に語っておこうと思う。

話の過程では当時の先輩——当時の関係者はおおむね私より年長者であった——のことについてもあれこれいわねばならなくなるが、これはもちろん先輩を批判しようとしていうことではない。立場が違えば人の気持ちもまた違うものであることがそのころにはよくわからなかった、それがわかる今になって、感慨をこめていうものであることとしてご堪忍ねがいたいと思う。

行動の発端

　そもそもの発端は昭和二十一年の四月、私が柳田國男先生を訪問して、先生から当地方の『民間伝承』の会員に対して懇《ねんご》ろな伝言を受けたということにあった。

　二十一年の三月、中国から復員して帰った私は、祖国日本があまりにも変わっているのに驚かされた。むろんそれは私だけのことではなかったが、私として特に案じられたことは、きざなようだが、これから先この民俗学という学問がどうなるかということであった。そこでなにはさておき上京して柳田先生にお目にかかり、先生のお考えを伺わなければならないと思い、リュックサックに米をつめ、復員服に巻脚絆《まききゃはん》という姿で超満員の殺人列車に乗りこんだ。といっても、それがどんな旅であったかはもう今の人たちには想像もつくまい。とにかく今ならば七時間くらい、飛行機でならば一時間そこそこで行けるところが三十時間くらいもかかったのである。

　やっとの思いで四月八日東京に着き、初めにまず杉並久我山の橋浦泰雄氏宅（民間伝承の会事務局）をたずね、そこで学界の近況を聞いてから出かけた。むろん柳田邸へは初めての推参であったが、実は偶然なことから応召中戦地から先生に手紙を差し上げることがあり、それに対して先生からも懇ろなご返事を二度までもいただいていたので、全くの不知の者がやにわにお訪ねしたというのとは少しだが違っていた。しかし、それにしても私としては初めての訪問なので、相応に緊張したことはまちがいない。

ところがお訪ねすると先生は快く会って下さり、かなり長時間書斎で話して下さった。それはつまるところ民俗学は科学である。あることをあるがままに明らかにし、それによって日本を、また日本人というものを考えていくのが使命であって、けっして初めに一つの主張をかかげ、それにつごうのよいものを集めるというようなものであってはならない。戦争が終わり、世の中は変わったが、こういう時世になればなおのことこの学問は必要になる。それには若い者がしっかりしなければならない。お前たち若い者がまずやれ、ということになろうかと思う。

これは今から考えればあたりまえのことで、何も特別なことをいわれたわけではなかったが、なにせ学生時代以来戦争という異常事態の中ですごし、民俗学といってもおのずから何か日本の伝統を賛美する学問かのように思いこまされ、そのため敗戦という衝撃によっても、もうどうしたらよいかわからなくなっていた私にとっては、大きな〝喝《かつ》〟であった。いわゆる目から鱗《うろこ》が落ちる感動を覚えさせられたわけである。

そのとき先生は、こういう交通不便な時代だから、田舎から一々出てくることはとてもできまい、君はいいときに出てきたから、帰ったら郷里の諸君にこのことをよく伝えてくれ、そしていま自分が何をしており、どんなことを一番大事なこととしているかを伝えてくれとおっしゃって、そのときできてきたばかりの『村と学童』というご著書を下さった。そして辞して帰るとき、まことに少々でございますが、といって餅《もち》の包みを差し出したところ、ありがとう、東京ではいま食べるものがなくて困っている、といって、それをおし頂いて下さった。

そういうことのひとつひとつが、後になって、少し生意気になってから思うと、みなこれ先生の若い者に対する人心収攬《しゅうらん》の一つであったということになるかもしれないが、そのときにはむろんそんな不遜《ふそん》な気持ちの湧く余裕は全くない。ただもう感激するばかりであった。

さて、感激して帰郷した私は、さっそく先生とのお約束を果たすべく、おっしゃったことの要点をまとめ、ガリ版に起こして、そのときの『民間伝承』の会員二十氏あて郵送した。

控えがある。

拝啓、
時下陽春の候、弥々御清祥之段奉賀候。
陳者、乍卒爾、先般小生上京し、柳田國男先生に拝眉仕候処、先生より地方会員各位に伝へるやうにとの御言葉有之候間、それと同日橋浦泰雄氏宅にて承知せし民間伝承の会の現状のことを併せ、差出がましくは候へども、頃日交通難その他のため各位にも一々上京打合せ等のことは困難なるべしと存じ、茲に大要御報せ申上候。
一、柳田先生には戦時中周囲より度々疎開を勧められしも、読むことも書くことも出来ぬ生活を続ける位なら、書物の中で死んだが本望だと、到頭動かないで過した。此所三年あまりは旧市内の方へは一歩も出てゐないとの事に候。
一、戦時中何時死ぬかわからないので、力の限り書いておかうと、一所懸命書いた、そして終戦になったが、終戦後はこんな状態となった。こんな状態の続くのは、自分などは凡そ二十年と見てゐるが、この二十年間には、自分などはもう無き数に入る。そこで後の人が気がついて又始めようといふ時に、再び同じことを繰り返すやうでは困るから、自分としてはその為をも思って今迄以上に力を入れて書いてゐる。

一、民俗学は将来ますます必要になって来る。方法は飽迄も帰納法をとって、出来るだけ自然科学の態度に近づいてゆきたい。いま主としてやってゐることは神様に関することである。差当ってはこの問題が一番大切だ。自分が今のやうな状況の下で神様に関する事を一番大事なものに思ってゐる事を地方の諸君に特に伝へてほしい。と、（かくして先生の神事に関する御論文は、祭日考・山宮考として近く刊行の運び）

一、六人社も復活し、民俗選書も簡潔な体裁にして数多く出したいとのこと、之は橋浦氏。而して民間伝承はこの六月頃より再刊の予定にて、只、価格引上げの止むなき現状のため、これに関する会員の賛意を待って実行するつもりであると。

一、柳田先生古稀記念事業は戦災の為中絶した。そのうち地方大会・講演会等はいまの処望み薄なるも、論文集の方は体裁を小さくしてでもぜひ出したいとのこと。或は一部は年内にも可能かとの事に候。

本通信は昭和十八年（小生応召前）調査せし本県の民間伝承の会員左の二十氏宛発送いたし候。（略敬称）

八束郡八束村柏木正、大原郡大東町田中義信、大社町千家尊統、山根雅郎、水師重吉、鵜鷺村宇佐美忠之、伊波野村岡義重、出東村古川治男、飯石郡吉田村田部朋之（長右衛門）、出雲市大津町石塚尊俊、邇摩郡温泉津村山崎柳造、那賀郡雲城村石田春昭、川波村足立千代亮、波子村千代延尚寿、跡市村森脇太一、浜田市黒川町川辺三千生、邑智郡市山村牛尾三千夫、鹿足郡日原村岸田儀平、大庭良美、津和野町沖本常吉。

日付けを書いていないので正確なことがわからないが、前後の事情からして四月の中旬であったことはまちがいない。当時の私はまだ数えて二十九歳であり、右に記す人たちはみな年長者であり、中には私と親子ほども違う人がいられたわけだから、それに対して連絡とはいえ、こういうことをするのは出すぎたことであったと思うが、とにかく敗戦による不安が先生にお目にかかったことによって解消されたことと、さらには感激が重なって、どうしてもこういうことをせずにはおれなかったのである。

この通信に対してさっそく反応を示されたのは伊波野の岡義重氏であった。岡氏といえば郷土研究の先達で、すでにいろいろなものを書いておられた。その岡氏がわざわざ草舎まで来て下さったのでなんとなくほっとしたことを覚えている。以来岡氏とは日増しに交流が深まり、昭和五十年の夏、氏が永眠されるまで続くのである。

岡氏のほかにも何人か手紙を下さった方があったように思うが、残念ながら覚えていない。なお、このときにはまだ「民伝」の会員ではなかったので、どういう動機からだったか、波根の和田善三氏が来られ、次いで馬庭克吉氏が来られた。和田氏は早逝《そうせい》されたが、馬庭氏はずっとお元気で終始私の仕事を助けてくれられた。だから、率直にいって私の最初の同志は岡・馬庭両氏ということになる。ついでにいうと、これから二年ばかりして井塚忠氏が来るようになり、十年ほどして酒井董美・勝部正郊氏、さらに二、三年して白石正臣・浅沼博氏、また十年ほどたって川上廸彦・坂田友宏氏とのつながりが始まるようになるのである。

飯塚純平の山陰民俗学会

ところで、そうこうしているうち、ここにひとつ私の身上に大きな異変が起こった。当時私は高等女学校（旧制）に勤めていたが、五月の初めいわゆる教職追放令が出て、それに私が該当することになったのである。理由はそのとき日本を占領したアメリカが最も恐れていた神道の教育を受けすぎているということにあった。これはすでに前年の敗戦の声を聞いたときから予想しないことではなかったが、いよいよとなるとみじめであった。しかもそのとき私の勤めていた学校で該当した者は私一人であったから、いかにも私一人が悪者のようにされてしまったのである。

そうしたころのある日、ひょっこり小学校時代の同級生で飯塚純平君というのがやってきた。それがこの際出版事業をやりたいという。そういわれても私には全く経験のないことなので、良いとも悪いともいえない。しかしあまり熱心にいうもので、そんならその方面の専門家に聞いてあげようと、そのころすでに出版社を始めていたか、あるいは始めようとしていたか、とにかくそんな話を聞いていた角川源義氏に手紙を出した。角川氏とはそれまで本当は格別の交流はなかったが、同じ大学の出身で、また同じ学会の会員でもあった関係上その存在はよく知っていた。それで手紙を出したのだが、それに対して氏は、そのことをこの私が始めようとしていると思ったのか、ただもうやめろ、やめろ、そんなことはとても素人にできることではないという一点張りで、聞いたことには何一つ答えてくれようとしない。

それで、そのことをそのまま飯塚君に伝えた。ところが彼はあきらめない。なにも全国的な大事業をやろうというのではない。ただこの地方で、いまこの時期刷ったものを出せば必ず当たる。ぜひやりたいという。のみならず名称を「山陰民俗学会」とし、いわゆる民衆の歴史に関するものを出したい。そこでまず君が書け、というのである。あまり熱心にいうので、私もついそんなら書こうかという気になってしまった。たまたまそのころパージに会って鬱屈《うっくつ》していた気持ちがそうさせたものと今にして思う。それで、とにかく大急ぎで書いて飯塚君に渡し、ふた月ほどしてできてきたのが『常民史に立つ日本婦道』いう小冊子である。B6判、一一四ジペー、定価十五円で、発行所は当時の飯塚君の宅の「出雲市大津町大曲二〇七三の山陰民俗学会」となっているが、これは右にいう事情によるもので、いまこの山陰民俗学会とは全くの別ものである。

内容はまことにどうもお粗末なもので、いまから考えればよくもあんなものを出したものだという気持ちにさいなまれないではおれないが、そのときにはたまたまおかれた状態が状態だったので、つい勇み足になっていったのである。

ところが、この本がよく売れた。買った人は失望したろうが、とにかく売れたので、飯塚君も気をよくし、私も図に乗った。そこで続いて第二弾を放とうということになって、今度は少し慎重に構え、

「山陰民俗選書」というものがこれから出るように偽装し、その第一輯《しゅう》と銘打って、論文のような、随筆のようなものを四つ集め、これを『こひに居る話』と題して出した。四篇の一つ、題名にも掲げた「こひに居る話」は昭和十八年に江馬三枝子さん主宰の『ひだびと』に出したもの、「頭屋の刀自」は題は違うが『民間伝承』に出したもの、他の二篇「刀自ばなし」と「をなりのこと」とはそのときの書き下ろしであった。

これができたので、まずそのお初穂を柳田先生に献じた。すると先生はそれを丹念に読んで下さり、欄外に一々先生独特の記号までつけて下さっていたことをのちに研究所へ行くようになってから知って、またぞろ感激することになるのであるが、それはやや後のことである。次いで高崎正秀先生にも献じたところ、高崎先生からはすぐ便りがきて、「パージになってしょげているかと思ったが、これはしたり。本を出した。こんなに嬉《うれ》しいことはない」とまでいって下さった。

そこで、すっかり嬉しくなって、続いて第三弾を打とうと、今度は私の方から飯塚君に勧めた。ところが、いけなかった。この「選書第一輯」を出したのは昭和二十二年の二月であったが、そのころになると急速に東京の出版社が復旧し、新刊本が次々と送られてくるようになった。そのためわれわれの手内職のような本ではもう地方の小売店がめんどうがって取り扱ってくれないようになったのである。それでせっかくの山陰民俗学会こと飯塚出版社もついに閉店のやむなきに至った。幸いにして赤字にはならなかったらしいが、黒字にはならず、むろん私への印税などはひとつもなかった。

島根民俗通信部の開設

こういうわけで、昭和二十二年の春ごろから、私はふたたび発表のあてのない文章を書いては消し、書いては消しして消光する毎日となった。すでに『民間伝承』は復活していたが、遅刊に遅刊を重ねる状態で、原稿を送ってもなかなか発表の順はまわってこない。

ところが、そのころになると各地でガリ版刷りではあるが、地方単位の民俗誌がしきりと出るようになった。そこで、この地方でもぜひこういうものが欲しい。しかし島根県にはすでに昭和十三年に牛尾三千夫氏によって島根民俗学会というものが組織され、機関誌として『島根民俗』というものが出されている。しかしそれが戦争のため中絶して、今日に至るもまだ復活していない。だからまずこれの復活を急ぐべきだ、と、そう思うともうじっとしてはおれなくなった。そこで牛尾氏にあてて復活要望の手紙を出した。ところが慎重を期する氏はまだ早いという。返信が残っている。

拝啓、御手紙頂き乍ら早々御返事差上げず、お待ちかねでしたでせう。小生去る廿一日出発、（中略）扨、民俗誌発刊の件、先日こちらの旧会員三、四名集り、その話も出ましたが、今少し待機したらといふことになりました。そして謄写版は矢張り感じが悪く、出すなら活字にしたいものです。夏休暇にとにかく一応どこかへ同志が集り、よくよく協議した上で再出発しませんか。その方がいゝと思ひます、志学温泉辺りで二日間懇談する計画を立てゝ呉れませんか。（下略）

七月三日　　　　　　　　　　　　　　　　　　　　　　　　　　牛尾三千夫

石塚尊俊学兄

これは牛尾氏としては当然であったろう。またいかにも牛尾氏らしい姿勢であると後になれば思うようになるが、この返事を受けたときの私にはそうは思えなかった。なんとゆっくりしたものだ、戦争にも行かず、パージにもならず、昔に変わらぬ山里にいて、楽しみながら民俗採集がやっていけるという人にはこれでよいかもしれないが、世の中はいまや急スピードで変わりつつある。すでにあちこちで地方学会が復活し、柳田先生もそれを望んでおられる。もうじっとしてはおれないではないか、と、いわば勝手な使命感にもえて、はいそうですかと、すませてしまうわけにはいかなかった。

それでもう一度手紙を出した。その控えもとっていないが、とにかくもう待機の時期は過ぎているのではないか。なるほど謄写版では体裁が悪いが、さればとて千部も刷るというのならばともかく、百部そこそこを刷るのに活版で出せるまで待つなどといっていたのではいつになるかわからない。謄写版でもいいではないですか、なんなら私の方でお世話しましょうか、出雲市でも謄写印刷なら復活しているが、というような内容であったと思う。すると左の返事がきた。

拝復、玉翰正に落掌仕りました。もう合歓の花が咲き、茅蜩の鳴く日になりました。雑誌発刊の件、貴兄に於いてよろしく御計画下されます様、当分の間とても活字版で出せません見込なら、騰写でやるより他に方法ありませんね。九月頃に出す様に御準備おすすめ下さい。小生石州方は御世話しませう。一応同人とおぼしきものへ御勧誘の手紙を御出し下さい。会費等はそちらへおまかせしますから、損のゆかぬ様にやって下さい。尤も石見で最近民俗学も含めた文芸誌を発刊したらといふ意見あり、金は出して呉れる人がありますので、之の方は案外早く進捗するかも知れません。（下略）

七月十七日　　　牛尾三千夫

石塚尊俊様

これはしたり、私としてはただ謄写版ででもよいから早く出しましょう、謄写版ならば私の方ではすぐにできるから、なんならお世話しましょうかといっただけのつもりだったのに、印刷から会費の徴収から、会員の募集までまかせる、石見の方は自分が動いてみるとまで記してある。これだと結局会そのものがまかせられたことになるので、そんならひとつ本気になって取り組まねばなるまいと思った。そこであれこれ各方面と連絡し、七月の夏祭りのころいちおうの案ができたので、それを持って一度連絡に伺うと書き送ったところ、それに対して七月末、左の返事がきた。

拝復、廿七日の手紙只今落掌したやうなわけで、二日に来られるやうでしたら、五日に浜田市公会堂で九時から旧島根民俗同人の浜田附近ノ者七、八名集りますので、日曜日ではありませんが、朝一番でお出かけになりませんか。他の人とも相談するのによいと思います。

というわけである。そこでこれはいったいなんだろう。すでにまかせるといっておきながらなんでまた浜田で集まる必要があるのだろうかと思ったが、どうせ一度は会って話さなければならないのだからと思い、指定の八月五日の一番の下り列車で出かけた。すると大社から水師重吉氏が来ておられ、津和野から沖本常吉氏が来ておられた。そして地元浜田からは細川勝三という、これは石見神楽の衣裳《いしょう》屋さんだということであったが、そういう人が出ておられた。それに牛尾氏と私と、結局五人の会合となった。

ところが、そのとき牛尾氏はまだ先般来の私とのやりとりの次第をみんなに話してはおられなかったらしい。それを話さないで、しかもその日みんなを集めたということは、結局その日の会合はさきの牛尾氏の手紙にある、浜田で〝民俗学を含めた文芸誌〟を発行するという会の打ち合わせということになるらしかったが、それを知らずに私は出かけ、逆に他の人たちは私がすでに牛尾氏と打ち合わせ、出雲で『島根民俗』を復刊するつもりでいることを知らないで来ているため、談合がいっこうにかみ合わない。とどのつまり細川氏などは――この人が実は牛尾氏のスポンサーであるらしかったが――こっちで新しい構想で雑誌を出すのだから、出雲でそんなものを出すのはむだだとまでいう始末で、どうもこれでは話にならぬなと思っているうち、沖本氏であったか、水師氏であったか、とにかく浜田で出そうというのは文芸誌であろう、それに民俗関係の原稿を入れても悪くはないけれども、それは『島根民俗』とは別のものであろう。『島根民俗』はやはり『島根民俗』として、民俗専門の研究誌として続けるべきだという意味のことをいったので、それでこの方はやはり牛尾氏と私との打ち合わせどおり、当分の間ガリ版ででもいいから、出雲市で復活させるということに落ち着いた。

そこで、やれやれと思い、それからいまお一人、当日の会に出ていただくことになっていて、時間のつごうで出られなかった山根俊久氏をお訪ねしようということになって、細川氏を除く四人は、山根氏が校長として勤務しておられる浜田高等女学校を訪ね、お会いして会長になっていただくことをお願いして散会した。

こういうわけで、いささかもたつくことはあったが、とにかく島根民俗学会は出雲市で再興させるということになり、同時におのずから再出発の役員もきまる形となったので、私は帰宅早々さっそく復興第一号の編集案を立て、それによってそれぞれ原稿を依頼した。

雑誌の題名は『島根民俗通信』とし、発行所名は「島根民俗通信部」とした。これは別にそうしなければならぬという声があったわけではなく、ましてや牛尾氏からそういう条件つきでバトンタッチされたものではなかったが、だから雑誌名も『島根民俗』のまま、それまでの号数を追うだけでもよかったのだが、それではなにか私がいかにも先輩の仕事をもぎとった形になるので、これはあくまでも本格的復活までのつなぎであるというところを示さんがため、あえて「通信」と表現し、「通信部」と名乗ったのである。要するにこれは私がきめたことであった。

ともあれ、このようにして島根民俗学会の再興機関誌『島根民俗通信』第一号はさきに牛尾氏が手紙で希望されたとおりに、二十二年九月十五日上梓《じょうし》の運びとなった。予定どおりガリ版であって、紙はザラ半紙、紙数は表紙ともわずかに八㌻である。

第一㌻には無記名だが、責任者として私が「発刊の辞」を書き、二㌻目には牛尾氏の「挨拶として」を、三㌻目には山根会長の「要らざる言」と題するやはり挨拶を載せた。そして四、五㌻には私が「日本民俗学への願い」と題してもう少し詳しく解説を入れ、六、七㌻は資料欄として、水師重吉「お客講」、飯塚純平「みみげの神事」、岡義重「ねこはげばあじ」の三篇を収めた。八ジペー目は学界消息欄とした。

今から見ればまことにささやか、というよりみみっちいもので、こんなものを出すのにそれほど苦労したかといわれそうだが、それは当時の世情がわからないからであって、当時としてはこれでも容易ならぬ努力を要した。だいいち印刷をたのむのには用紙の用意からしてかからねばならず、それには松江市まで出かけて、大蔵省の出先に申請して特配を受けねばならなかった。そしてまたできたものを配布するにはこれまた松江市に駐屯《とん》している連合軍軍政部の検閲を受けなければならなかった、そのときの検閲証が保存してある。

Your magazine has pasued post-consorship, We are returning your copy for the first edition, which bears the stamp our consor giving you authority for publication.

日付けは 9 Oct 47 となっているから、まさしく事後検閲であったわけだが、それでもこういう手続きをとらねばならなかった。

発刊の辞には次のように書いている。

今日の日の生活に対する反省を求め、明日の日への判断の拠り所を求めようとする民俗学は、時の流れの斯くもあわたゞしい現在、そのあわたゞしい中に如何に身を置くべきかと言ふ切実な疑問の上から、また差当っては学校教育の場に於ける国史の再検討とその後に於ける社会科の新設といった新事態に伴う必要の上から、近時一段と認識が深められ、それによる知識が要望せられるに至ったが、この秋に当り、吾々地方に在る学徒としても、さうした世間の情勢に応へる何等かの責めを果さなければならないと言ふ自覚を新たにすると共に、また吾々自身絶えて久しく会合もせず、機関誌も持たずして過して来た此所数年間の心淋しを改めて痛感するものである。（中略）斯くして初秋の今日先づその第一号の上梓を見るに至った次第である。この通信、体裁は貧弱であるが、他に類似のもの、絶無に等しい折柄、之によって一つには会員相互の連絡を密にし、二つには中央との連繋を深め、（下略）

たいへんいきばって書いているが、ちょうどそのころ柳田先生のもとで民俗学研究所の設立の話が進み、また日付けは控えていないが『朝日新聞』の論評に「最初から実証主義を標榜して来た民俗学は、学問それ自体が今日のホープである」という記事が出たころであったので、いきおいこういうポーズになったわけである。

ともあれ第一号はできた。しかしまだ組織はかたまっていない。そこで趣意書をつくり、これを牛尾氏から知らされていた旧会員と、それにこれぞと思う人を加えた約五十人にあてて発送した。すると予想以上の反応があり、九月末までに次の五十二人の申し込みを得た。

（松江市）井上狷介・水木真弓・山田伝太郎・岩佐文子、（八束郡）佐草正雄・朝山晧・曽田善八・中田貢、（大原郡）中林季高、（飯石郡）倉橋清延・勝部正郊、（出雲市）石塚尊俊・馬庭克吉・須佐建愛・祐源清子・飯塚純平・後藤稔・加藤平八・和田弥三郎・森山一男・勝部努・片岡明子、（簸川郡）岡義重・和田俊正・森脇寿生・水師重吉・千家遂彦・山根雅郎・島重海・広瀬信憲・杉谷常吉・宇佐見忠之・錦織実・幸野弘一・花田定穂・山田弘・三代正邦、(安濃郡)和田善三、(邑智郡)牛尾三千夫・犬山満樹・伊東軍太郎、(那賀郡)森脇太一・松田如真・嘉戸義明、(浜田市)山根俊久・山崎誠三、(那賀郡)大橋紀子・野上七太郎、(鹿足郡)沖本常吉・岸田儀平、(穏地郡)八幡静男、(米子市)堀井度。

地域は当然出雲部に多く、石見部には少なかった。それにしても石見部からはもう少し参加者があってもよさそうに思われたが、どうもこれが限度らしかった。なお、この名簿を見て思うことは、もうこの中で存命者は半数にもなっていないということである。そしてその半数にも満たない存命者の中で、以後ずっと今日まで会員として参加してくれている人は、山根雅郎・勝部正郊・馬庭克吉の三氏だけであり、それと私との四人がこの創生のとき以来の生き残りだということである。それほどこういう活動を続けることはむずかしかったということを、この記述をしながら改めて思うものである。

ともあれ、これで再起の組織もかたまったので、九月二十八日には出雲市の今市高等女学校を会場として大会を開催した。集まる者十七名、初めに講演として岡義重氏に「食物と食制」、牛尾三千夫氏に「島根県の民俗」をお願いし、終わって沖本常吉氏を議長として会則を改正し、委員を決定した。こうして体制の中身も固めた。

思わざるつまずき

ところが、ここに思わぬ支障が生じた。それは事務所の名称にかかわるいざこざであった。事務所の名称は、さきにいうように私が、私の気持ちから「島根民俗通信部」としておいたのだが、たまたまそのころ文筆活動の傍ら印判業をしておられた沖本常吉氏が、封筒に一々手書きで事務所名を書くのはたいへんだから、自分がゴム印をつくって寄付しようかといわれた。それはありがたい。ぜひお願いしますといっておいたところ、折返し連絡があって、名称の「通信部」はいらないのではないかといわれる。

御芳墨難有拝見いたしました。入会印刷物資料御多忙のところ有難う拝受しました。御礼申上げます。小生の分、会費は維持会員として置いて下さい。第二号原稿は至急送ります。ゴム印の件ですが、「島根民俗通信部」となってゐますが、しかし、とりあえず通信は出しても、島根民俗学会は貴殿の方に事務所があるのですから、発行所名として通信部を廃して、島根民俗学会だけで如何ですか。牛尾氏から島根民俗を出せば兎に角、目下細川氏の方は「石見路」で、これは学会と区別すべきものと思ひます。御決定次第印を送ります。一報を待ちます。（消印十月二十二日）

そこで同じ石見の先輩の一人がそういわれるのなら、それでもよかろうと思い、ではそのようにお願いしますといい、それによってほどなく「島根民俗学会」と彫った判ができた。

ところが、これが思いもよらず牛尾氏を刺戟《しげき》することになったらしい。「通信部」をとったのでは会そのものを横領したことになるというわけである。後になって落ち着いて考えてみると、あの折もっと牛尾氏と沖本氏との間柄、つまり同じ石見人といっても、もともとそう深いつながりのある間柄ではなかったということを、さらには自ら育てた学会を十年も後輩の私にまかせた牛尾氏の心情、つまりまかせるといってまかせはしたが、そのとたん、こちらではどんどん会員がふえ、石見部では思ったほどにふえないということに対する淋しさがあるだろうということをも忖度《そんたく》すべきであったと思うが、私としてはとにかく時流に遅れぬために会を再興させようという気持ちでいっぱいであったし、それに牛尾氏も沖本氏も同じ石見の学究として、もう同じ立場であろうとばかり思っていたので、沖本氏が「通信部」の語はいらないではないかといわれた一言に従ったまでであったが、それが意外な結果になってしまったのである。当時はまだ電話がなかったことも意思の疎通を欠く大きな原因であった。

しかし、とにかくこれではいけないのでさっそく牛尾氏に対して事情説明の手紙を出し、私としては何も島根民俗を横どりするような気持ちはない。「通信部」という語をつけたのも、あくまでも私自身の気持ちでしたことだし、除いたのはただ沖本氏の言に従ったまでであった。いま改めて「通信部」という語がなければいけないとおっしゃるのならやはりつけましょう、といい送った。それに対して牛尾氏から十二月二十七日左の返事がきた。

拝復、本日長文の御手紙正に落掌致しました。其後益、学会のため御奮闘の趣き、大慶至極に存じます。扨、沖本氏より貴兄宛の書翰にどのやうに申伝へられたか判然致しませんが、貴兄の御手紙拝読していさゝか小生の現在おもふ処を申上げます。小生はあくまでも学会事務所は当方に置くこと、このことだけは未だ承認した覚がありません。貴所はどこまでも通信所であって、これは一時的なもので、島根民俗の再刊はあくまで石見に於いて出すこと、これは当初創刊の時に一同石見に於て出したといふ事に深い意義をもつものであり、学会の続く限りハ石見を離すまいといふ様なことを申合せて居ります。（中略）たゞお互におもひ違ひ、考へ違ひで現在に至ったものと思ひます。私は島根民俗の再刊は石見に於いて発刊するといふのみ御諒解しておいて下されば結構です。明年中には必ず復刊の運びに致し度いと思います。それ迄はゆきがかりでおやりになるより貴兄にも方法はないと思ひます。近く大庭君が復員します。（中略）沖本氏へは近く拝眉の日がありますので、其際この話は致します。年深く寒さ加はる時、御玉体御大事に願います。失礼の段はお許し下さい。

十二月廿七日夜　　　　　　　　　　　　　　　　　牛尾三千夫

石塚尊俊　様　侍史

こういうわけで、あたかもあの方広寺鐘銘事件に似るともいえるごたごたもどうにかいちおうはおさまった。しかしこの手紙をもらって、私としては牛尾氏の『島根民俗』に対する思いがいかに深いかが改めて痛感された。それは当然なことで、改めて思う方が愚かだといわれるかもしれないが、それにしても、これは学会であり、組織であって個人の芸術品ではない。それに会長も氏自身が進んで山根俊久氏にお願いされたほどであるから、これには石見も出雲もない、島根県として一番出しやすいところで出せばよいと思っていたのだが、そうではなかった。これはあくまでも石見のものだという気持ちがはっきりしてきたのである。

しかし、とにかくこちらではすでに出発してしまっている。会員は次々と増える。東京では研究所ができて、私が研究員になったこともあって次々と連絡がくるして、微々たるものではあっても『島根民俗通信』を休むわけにはいかなかった。それで十一月には二号、二十三年の一月には三号、三月には四号と、ふた月おきにきちんきちんと出していった。のみならずそのころにはマスコミからも珍しがられ、新聞社からも原稿の依頼があり、放送局からも依頼があって、二十三年の一月には水師重吉氏が「餅の話」、馬庭克吉氏が「酒の話」をし、私が「年中行事の話」をしている。（その後学会としての放送は六月に山根雅郎氏が「田植えの話」を、私が「孤憑《つ》きの話」をした。もちろんラジオである）すると三月の半ばであったが、牛尾氏から久しぶりに手紙がきた。

拝啓、早春の美しい季節となりましたが、其後御健やかに渡られることでせうか。会のことで仲々御骨折りで御礼申上げます。旧臘以来文書での感情のこ一《（ママ）》際水に流して、さっぱりした気持で今後の会の隆昌に尽力することに致しませう。こんなことでいつまでもこだわってゐてはいけませんので。就いては一度近い内に集い、本年度の計画を立てませんか、（中略）適当な処をお世話下さい。出来ることなら本月中がいいのですが、諸氏の都合もあることゝ思い、貴下に於て御計画下さい。（下略）

牛尾三千夫

三月十七日

石塚学兄

そこで、これは良いことだと思い、さっそく手配をし、予定より少しく遅れたが、四月の二十四日、三瓶山麓の小屋原温泉で集まることにしたところ、石見から牛尾三千夫・沖本常吉、出雲から水師重吉・山根雅郎、それに私と、この五人が集まった。

そこで一泊していろいろ話したが、その結果、㈠『島根民俗通信』は当分このままで続ける、㈡会費は苦しくてもしばらく値上げをしない（年額六十円）、㈢そのかわり誰もが会員の勧誘に努力しよう、㈣再興一周年には特集号を出そう、ということになった。

そしてまた、そのころたまたま記者として島根新聞社に入っていられた池田敏雄氏（元『民俗台湾』主幹）から、島根民俗の同人で共同執筆の単行本を出さないか、社としても応援できるはずだが、という話がきていたので、これを持ち出したところ、みんなたいへん乗り気になって、ぜひやろう、みんなでつろうて（つれだって）書こうということになった。そしてさらに新聞社から原稿料が出るようなら、それを会の方へ寄付しよう、そうすれば特集号もらくにできるからというような話になったところ、さらに発展して、東京から誰かにきてもらって講習会をやろうではないか、という話にまでなってきたのである。

それはまたあまりにも大きな話だが、とにかく空気がこうまでなってきたからにはこれをしぼませることはないと思い、では東京に対してもいちおう脈を見ておきましょう、また特集号を出すのはそう至難ではないから、この際ぜひ柳田先生にも玉稿をお願いしよう、それよりもさしむきの問題として島根新聞社からの話をひとつ具体的につめようではないですかというので、それぞれ執筆テーマの希望を出してもらったりなどして訣《わか》れた。

三つの大事業

さて、大事なことが次々ときめられたので、これから一つ一つ実現していかねばならない。四月には「通信」の五号を出し、六月には六号を出すとともに、秋の特集号のために柳田先生に玉稿をおねだりした。そしてまた新聞社からの話についても池田氏と折衝を重ね、内容を次のようにきめて各氏あて執筆をお願いした。

炬火の明（石塚尊俊）・こよりの着物（石塚）・ぼてぼて茶（池田弘子）・すなどり船（水師重吉）・大田植（牛尾三千夫）・木地屋部落（沖本常吉）・村の組織（水師）・聟のすり逃げ（山口寿々栄）・児やらい（山口）・埋墓と本墓（牛尾）・正月と盆（山根雅郎）・花祭りと亥の子（山根）・祭りと神楽（牛尾）・子供の遊び（岡義重）・出雲弁と昔話（池田）・かどな祝い（馬庭克吉）・田唄（池田）・こいに居る（石塚）・狐つき（石塚）

原稿は順調に集まり、島根叢書9『山陰の民俗』と題し、池田氏の奔走によって七月一日島根新聞社から上梓の運びとなった。体裁はB６判、三四ジペーの小冊子で、全文８ポ二段組みの、今ならば読みにくくてかなわぬが、この敗戦後まだ三年しかたっていない時期のものとしてはまことに立派なものであった。定価二十五円でかなり売れたらしい。

ところで、もうひとつ講習会の方の話である。これはまだはっきりきまってはいない。しかしいちおう当たってみることにはなっていたので、とりあえず研究所あて、こちらでいまこういう話をしているが、やるとすればどなたか講師として来てくれるだろうかと聞いてみた。するとたしか直江広治氏からであったと思うが、さっそく返事がきて、そういうことなら誰かつごうをつけて行くことができるだろうという話である。

そこで研究所は大丈夫だ。しかし本当に来てもらうとなると、旅費もかかるし、謝礼も些少《さしょう》ではすまなくなる。それには参加者が多くなくてはならず、そのためには後援団体も必要であろうと思い、まず出雲市役所へ行って秘書課に話してみたところ、そのころたまたま私が『出雲市誌』の仕事をしていた関係もあって、快く応じてくれ、そのうえ金も出してくれるという。これはよいとばかり、次に島根新聞社へ行ったところ、これはさきにいう『山陰の民俗』のことが進んでいる最中だったので、文句なしに引き受けてくれ、PRの方はまかせてくれという。

そこでもう一カ所、これは新聞社の池田氏と話した結果であったように思うが、県の教育委員会に行ったところ、なんと、ここでは望外の好結果が得られた。それは単に後援に応ずるということだけでなしに、これをもって県教委が行う教員免状切り替えの認定講習にしてくれないか、そうすれば県教委としても、いわば手よごさずで講習会ができて喜ぶが、学会の方としても参加者が増えていいだろうというのである。

そのころ学制改革に伴う教員免状切り替えのために、県教委としては単位修得講習というものを盛んにやっていた。しかしなかなか適当な講師が得られず、予算にも限りがあるので難渋していた。そこへ私が飛びこんだのでこれ幸いと乗ってきたわけである。なにはともあれ、こちらとしては参加者が増えて良いことなので、ではそういう形にしてやりますかということで帰った。そういうことがあっというう間にとんとんと進んだのである。

そこで、この望外の結果を早くみんなに知らせ、喜んで協力してもらおうと思い、主だったところへ連絡したところ、それはよかった、それならば安心してやれるという返事があった中で、なんと、牛尾氏からは「反対だ」といってきた。せつかくの講習会をそういう形で開くのはおもしろくない、それにまたぞろ出雲市でというのではこちらはやりきれない。どうでも開くというのなら出雲市と浜田市と二カ所で開けとある。これには困った。

なるほど一々細かなところまで伺いを立てて進めたわけではなかったが、正直なところ私としてもこんなにうまく話が運ぼうとは思っていなかった。それが行く先々でみんな乗り気になってくれ、県教委のごときは、いわば参加者の確保までしてくれようというのだから、これを変更することはないではないか、それに会場を二つに分けるなどということはできることではない。ここはひとつこの案でゆくことをご了解ねがいたいというのでいろいろ説得したところ、そんならもう一度会って話そう、浜田まで出てこい、ということになった。

そこでまたもや委員に文書を出し、指定の七月四日再度集まった。今度は出雲部から私のほかに水師重吉・山根雅郎・馬庭克吉の三氏が出てくれたが、石見部からは依然牛尾三千夫氏と森脇太一氏との二人であった。それが山根俊久会長を囲んで話し合った。その結果山根会長の裁断で、とにかくここまで準備をし、県教委も乗ってきてくれていることなのだから、八月中、原案通り出雲市で講習会を開こう。そして九月、一周年を記念して柳田先生からいただく原稿を巻頭に掲げて特集号を出そう、そうしておいて、それを機会に島根民俗通信部は閉鎖し、日数をおかずに元の邑智郡市山村の牛尾氏の宅から

『島根民俗』を出し、これで島根民俗学会は名実ともに復興したことにしようではないかといわれた。そこで牛尾氏もこれに従い、では八月、出雲で講習会を開くことに同意するといわれた。

こういうわけで、講習会を島根民俗学会の事業として行うことは決定したが、その実務は結局われわれ出雲市の近まわりの者だけでやらねばならないことになった。しかし日はすでにない、もう一々相談する余裕はない。それで熟慮の末、講師は大藤時彦氏と和歌森太郎氏との二人とした。ありなりのところ二人も呼ぶのはたいへんだが、すでに県教委の後援、というより事実上は共催がきまっているので、県教委が意図する単位講習ということからいっても、文理大助教授の和歌森氏の名はぜひ必要である。しかし研究所の本筋からいって大藤氏を措《お》いてというわけにはいかない。それで二人ときめたのだが、二人呼んでも十分やれる自信はあった。

幸いにしてお二人とも応諾してくれられ、八月十五・十六・十七日の三日間、出雲市の出雲高校を会場として開催することに成功した。宿は当時まだ旅館が昔どおりになっていなかったので、拙宅でがまんしていただいた。和歌森氏は当時まだ学生であった竹田旦氏を伴って来られ、二日目からは牛尾氏も来て泊まられた。講習内容は次のごとくで、要するにお二人して全部をやっていただいたのである。

第一日　概論および発達史　大藤氏
　　　　社会科と民俗学　和歌森氏
第二日　漁撈と農耕　大藤氏
　　　　村と家および婚姻　和歌森氏

昭和23年8月15日の民俗学講習会講師および事務担当者。前列左から水師重吉・石塚尊俊・池田敏雄・和歌森太郎・大藤時彦・原　星子・岡　義重、中列左から和田善三・山根雅郎・千原康正・桑原公徳・犬山嘉明・井塚　忠、後列左から上田与一・島　重海・馬庭克吉・木佐紀久・壷倉　薫

第三日　年中行事と神祭り　大藤氏
兆・占・禁・呪　和歌森氏

参会者は予想以上に多く、会員三十七人、単位修得希望の教師その他一般百九十一人、合計二百二十八人で、まことに大成功であった。むろん参加者は全部が全部今後ともこの道を進もうという人たちではなかったが、それでもとにかくこの戦後の混乱期に民俗学とはこんなものだということをＰＲするだけでも意義のある仕事であったはずである。

さて、大会はすんだ。受講者からは一人三〇円ずつ受講料を徴収したので、それと補助金とでどうにか採算がとれた。会計簿によると、収入九、四七〇円（聴講料五、七三〇円・補助金一、八〇〇円・寄付金一、九四〇円）支出一〇、六二七円（講師招待費八、四三二円・会場費一、一九〇円・準備費等一、〇〇五円)、差引不足一、一五七円となっている。不足の一、一五七円は当日の文献斡旋料などで補填できた。なお当日間に合った島根新聞社からの原稿料は、さきに全額寄付するなどという景気のいい話もあったが、いろいろごたごたもあったのでこちらから格別に要求しなかったところ、出してくれた人もあり、くれなかった人もあった。

さて、講習会がすみ、大山は越えた。しかしもう一山ある。特集号の発行である。幸いにして柳田先生からの玉稿も到来したので、さっそく編集にとりかかった。『島根民俗通信』第八号である。

ミカハリ考の試み(柳田國男)・家の神の祀り(大藤時彦)・塞の神と縁結び(山本宇迦人=千家尊統)・岡見八幡の御祭神(朝山晧)・北浜村採集覚書(勝部淳二・井塚忠)・八日オヤキ(山根雅郎)・からさでその他(飯塚チカヨ)・田下駄と竹馬(堀井度・樋口一男)・思ひ出の遊び(岡義重)・東北民俗だより(岩崎敏夫)

活版で全二〇ジペーの、当時としては相当の大冊である。この巻頭に「終刊の辞」を掲げた。

再発足以来茲に一年、発会以来正に十周年、今日この意義ある秋を迎へるにあたり、この感激を後代に印すべく、ささやかではあるが本特輯号を編まんとしたる処、恩師柳田國男先生には御多端の央ば長文の玉稿を垂れさせ給ひ、また大藤時彦先輩、並に特別会員の両大人をはじめ会員中の熱心なる数氏、別して遠く相馬の里より東北民俗の岩崎敏夫氏等、挙って雄篇を寄せられ、本特輯号の意義を全うするにあます処なからしめられた事は、此上なく忝く、感謝に堪へざる次第である。

惟へば、昨年八月五日、石州浜田に会し、島根民俗の再興を念願し、本誌再刊までの繋ぎとして新たに通信部を設け、通信を発行し、四散しゐる会員を糾合して会勢を挽回せん事を決議して以来、本日まで一年にあまるその間、率直に云ってそれはあまりにも多端なりし一年であった。来し方を顧み転た感慨に堪へざるものがある。

然る処その労漸くにして報いられたるか、此程本来の機関誌『島根民俗』の再刊が望みなきに非ざる条件に恵まれるに至った。よって茲に本通信はその使命を全うしたるものとして、本日この号を限りとして一応停止し、通信部また必然閉鎖し、事務所はもとの市山村に遷し、機関誌を本来のものに戻し、諸事新たに出発し直す事となった。

乃ち記して終刊の辞とする所以であるが、之ぞ是れ、よりよき発展への喜ぶべき解消であって、爾今以後は現在の出雲市に代る市山村を中心とした行動が一段と活発化するであらうから、その新たなる飛躍に対し、江湖の存分なる御支援を願って止まない。終りに臨み、この一年間本通信部に寄せられし絶大なる御声援に対し、満腔の謝意を表する次第である。石塚尊俊記。

たいへん勢いこんで、また終始きれいごとで絶叫しているが、事実は前記の次第であり、要するに出雲部で〝活躍〟しすぎたことによるごたごたのあげくの果ての決着であった。

これを出してやれやれと思い、そしてしばらくして研究所へ行ったところ、みんなから、いったいあれはなんだといわれる。せっかく島根民俗が飛躍し、われわれとしても大いに期待していたのに、あれでは時流逆行ではないかといわれる。先生だけはにやにやして、「いやあ事情はわかりすぎるほどわかる。千家の国造さんから〝両雄並び立たず〟といってきたよ」などとおっしゃる。「いやあ両雄なんてとんでもない、駆け出しの者が少しむきになっただけでございます」と申し上げ、それで先生にはわかっていただけたと思ったけれども、まことにつらい面晤《めんご》であった。

出雲民俗の会誕生

さて、ずいぶん長々とつまらぬことを書いた。大多数の人たちにはなんの興味も湧《わ》かないことであったかもしれないが、いくらかの人たちにはやはりああそうであったかと思われるむきもあっただろうと思う。そういう意味で、いまさら若いときの〝翔んだ〟話をするのはいささか気恥ずかしくもあったが、いまならば史料があるので、あえて記しておいた次第である。

さて、出雲民俗の話である。さきに島根民俗通信部を閉鎖するとなったとき、会員は多くが出雲市に事務所があるが故に集まった人たちだから、これは引き継がぬ。石見は石見流にやると牛尾氏がいわれる。そうなるとこちらとしても会員の手前捨てておくわけにはいかないので、いかにも対抗的な形になるが、時をおかずにまたやらねばならない。それで前記『島根民俗通信』終刊号を送るとき、会員に挨拶状を送り、今後のことについてご相談したいから、つごうのつく方はご参集ねがいたいと報じた。

これにより十二月十二日、熱心な人たちが八人集まってくれられた。私を含めて九人である。すなわち、小滝遥・花田定穂・岡義重・山根雅郎・後藤稔・馬庭克吉・千原康正・池田満雄・石塚尊俊の九人であった。

話は順調に進み、来年早々「出雲民俗の会」をつくる。会長はおかず、委員を五名おき、運営はこの五名の委員の合議制とする。機関誌として『出雲民俗』を当分の間ひと月半おきに出す、ということにした。そこでこれに基づいてもう一度会員に呼びかけたところ、さっそく七十人くらいから参加の回答があったので、大いそぎで機関誌の編集に着手し、二十四年一月『出雲民俗』第一号を上梓した。体裁は従来通りガリ版、B５判、八ジペーとした。その巻頭に次のようにいっている。

（前略）斬くして初春の今日、先づその第一号が出来た次第でありますが、総じて今後に於ける我々の方針としましては、会は民俗学の会であり、つまり学問の会なのだから、殊更に冷たい風を装う必要はないが、少なくとも趣味の会だか道楽の会だか訣らぬやうなものにはして行きたくないと云ふ事、そして今一つには、この学問の性質上、遠方との、連絡と云ふ事が必要なのだから、出雲民俗の会と云っても、之を狭い出雲の国だけの会と云ふ風には考へず、常に他地方との提携に留意し、（下略）

創刊第一号には巻頭に馬庭克吉氏が「屋号の研究」を発表し、資料欄に岡義重氏が「カドナ資料」を出されたほか、新聞社の池田敏雄氏が『民俗台湾』時代の旧稿に手を入れて「台湾の阿也都古」を出してくれられた。以後『出雲民俗』は予定どおりひと月半おきに出していったが、そのころの投稿者は主として稲浦生（千家尊統）・朝山晧・岡義重・馬庭克吉・堀井度・山根雅郎・井塚忠氏らであった。また他地方からも蓮仏重寿（鳥取）・小林存（新潟）・能田多代子・竹田旦氏（東京）らが稿を寄せてくれられている。

その間会員はどんどん増え、二十四年の秋になるとまたまた百六十人くらいになった。そこで十一月には第八号として「狐憑特集」を出した。活字版二七ジペーで、巻頭に大藤時彦氏の「狐憑き研究の意義」をおき、巻末には岩田正俊氏の「動物学的研究」と堀井度氏の「精神医学的所見」とを入れ、中には会員十人の共同調査の集計をおいた。そのころ世論がこの問題に対して異常なほどの関心を寄せていたので、それに応《こた》えるという意味でこういうことをやったのである。

また秋には前年の新聞社刊『山陰の民俗』の後を受けて、その第二集を出した。これにはいちおう民俗学研究所の校閲という形をとった。

五昔以前（岡義重）・桧皮師（福島和夫）・もやい島（石塚尊俊）・しぎ（馬庭克吉）・婿いじめ（田中新次郎）・捨墓と石碑墓（井塚忠）・田と田の神（岡義重）・こんこ（山根雅郎）・民間暦（蓮仏重寿）・出雲俚諺の断片（山根俊久）

またこのころにはたびたび東京の研究家がわが家へ立ち寄られることがあったので、そういうときにはつとめて会としてもこれを歓迎することにし、その席で何か話をしてもらうことにしていた。二十三年に早川孝太郎、二十四年には橋浦泰雄・関敬吾氏を呼んでいる。また二十三年には黄鳳姿という人を呼んでいるが、これは前記した池田敏雄氏の夫人で、『民俗台湾』の同人であった人である。

さて、このようにして二十四年、五年とだいたい予定どおりに進めていったが、二十六年になるとやむを得ぬことから一年間休刊のやむなきに至った。それはこの年、三年前から始めていた『出雲市誌』が追い込みに入って、私が動けなくなったからであって、そのため座談会は行ったが、機関誌はついに出せなかった。

その申しわけなさから、二十七年になると早々に特集号を出した。これがたいへん歓迎されたので、その後もずっと特集を続け、結局二十七年、八年は刊行を季刊にして全部特集にした。すなわち年頭行事・盆行事・民間信仰・諸職・荒神信仰・民間医術・孤持孤憑・日忌信仰の八特集であるが、その間荒神信仰を計画したときには、山根雅郎氏を代表者として文部省の人文科学助成金の交付を受け、これを少しずつ参加希望者に配るなどのこともした。

そういう〝仕事〟をした時期もあったのである。

山陰民俗への切り替え

昭和二十八年のいつごろであったか、たしか研究所からの依頼により『日本民俗図録』に収める写真をとるというときであったと思うが、米子の堀井度氏が来られて、学会の名称をもう少し大きくしないかといわれる。米子地方でもこの会に誘おうと思えば入る人はいるはずだが、会名が「出雲」では誘いにくい。新聞社でも「島根新聞」を「山陰新報」に変えたらとたんに購読者が増えたという事実があるから、学会でも思いきって「山陰」に変えたらどうかといわれる。

私としては以前飯塚純平君が事業のために「山陰民俗学会」という言葉を使っているので、あれの延長のように思われてもいかがかと思ったが、いやもうあれはなくなっていることだからと思い返し、その年の秋、東京からの帰途、因幡の蓮仏重寿氏の宅に寄り、その旨を相談したところ、結構だ、やりなさい、応援するといわれる。それで委員会に諮《はか》り、二十九年から会名を「山陰民俗学会」と変えることにした。これが形式的には今日の本会の発足である。当時会員は百五十人くらい。委員は出雲民俗以来、岡義重（代表）・山根雅郎・後藤稔・馬庭克吉氏および私の五人、二十八年ごろからは後藤氏・馬庭氏に代わって藪信男・吉岡茂の両氏が入られた。

そこでこうなるからには、機関誌もいままで以上に充実させねばならないので、刊行はやはり季刊でいくが、紙数は毎号三〇〜四〇ページとする。また表紙だけでも活版にするときめた。しかし会費は従来の年額二四〇円を上げないことにしたので、これだとどこかへしわよせせねばならない。そこで当分は会合を休み、もっぱら機関誌の発行のみに力を注ぐ、ということにしたのである。

昭和二十九年の二月一日、その第一号ができた。巻頭言で、それまでの経過を報告し、さらに次のようにいっている。

> 由来、地方に在って学会活動を続ける上に一番心すべきことは何かということである。いろいろあろうが、少なくとも日本民俗学の現状よりいう時は二つ、一は現地に在ってその土地に即した問題をとりあげ、これを集成して広く公共の用に供するということ、いま一つには、初めから中央誌へ参加出来難い新しい人達の為に、会そのものを一つの訓練の場として提供し、自らなる習熟の上は速やかにこれを中央誌へ紹介するということ、これであろうと思う。

第一号は三六ジペーで、短いながらも論文と資料報告とで構成している。東京からも大藤時彦・千葉徳爾・祝宮静・井之口章次の各氏が稿を寄せられ、地元では田中新次郎・山根雅郎・小脇清・島田成矩・堀井度氏らがそれぞれテーマを選んで発表している。以後おおむね順調に進め、ときどきは特集も試みた。

『伝承』の発刊

ところで、このようにして、いわば地盤を広げ、内容の充実を図っていくうちに、ここにまた、いままでとは違った形での問題が出てきた。それは会誌の程度がしだいに高くなって困るということであった。むろん中にはこれでもまだ低いという声もあったが、全体としてやはりとっつきにくいという声の方が多くなった。

なるほどそういわれてみればだんだん専門的に深化してきたことは事実である。これではたしかに初めて入る人にはとっつきにくいかもしれない。しかし、だからといっていまさら数年前の状態にまで戻すわけにはいかない。とはいえ、このためつまらぬ、つまらぬで人が去ってしまったのでは会が維持できなくなる。そこで熟慮の末、結局会誌を二通り出そうということになった。つまり専門誌と普及誌とである。

だがそのため会費を値上げするわけにはいかないので、結局年四回刊のうち一回を『山陰民俗』とし、他の三回は内容をうんとくだいたものにして、これを『伝承』と題して出そうということになった。

こうして思いついた『伝承』はA5判、五〇ジペー前後とし、表紙にはローカルな絵を入れ、内容には随想や紀行文も入れるということにした。昭和三十四年一月にできたその第一号には、巻頭言で次のように謳っている。

（前略）ありていのところ、十年前（注出雲民俗発足のころ）のあの頃には、民俗学といえば誰もが一応は飛びついて来た。それというのも、あのころには国史の書き変え、民衆史の探求、社会科の新設といった事情があった為に、実証主義をふりかざし、常民生活の過去を明らかにしようとするこの学問は、極端にいえば、そうした希求者たちにとっての的であったといえる。ところが、今日ではどうだろうか。冷静に見ればこれが本当で、要するに落着くべきところへ落着いたということになるかも知れぬが、それにしても外面的な華やかさの消失は否むことが出来ない。（中略）そこでこの際、この有意義な機構を一層固め、かつ現下の世情をも考え、民間伝承の学を真に現代生活に直結させる為に、ここに従来の機関誌『山陰民俗』は暫くこれを伏せ、平素は体裁を改めた本誌をもって進むことにした。題して『伝承』と題するこの小誌こそは、必ずやわれわれに新しい息吹きを与えてくれるものと信じて疑わない。

こうして、本文の巻頭には学校の読者向けにと、成城学園の池田昭氏の「採集による社会科学習」をおいたが、これに次いでは田中新次郎・矢富熊一郎・清水兵三・岡義重氏および私の短い解説風のものを入れ、終わりには牛尾三千夫氏の「山陰紀行」をおいた。

牛尾氏とはさきの島根民俗のバトンタッチ以来しばらくは冷えていたが、もともと無縁の間柄ではない。それに牛尾氏としてもその後自ら『島根民俗』の再刊を二度ほどやってみて、いかにむずかしいかがわかったらしいので、このとき原稿を依頼したら快く書いてくれられた。そして以後、二、三、六、七、一一、一二号と続けざまに送ってくれられるようになったが、それはすべて紀行文か、民謡に関するものであった。しかしそれが『伝承』にはぴったりの、例の調子の、香り高いものであったので、みんなが喜んだ。

『伝承』の評判は意外とよく、ひとつには門戸を開放して間口を広げたからでもあるが、原稿も集まり、会員の脱落も減った。むろん間口を広げたといっても民俗誌のことであるから、あくまでも民俗関係のものを主としなければならない。いまパラパラめくってみると、東京関係では宮本常一・高崎正秀・祝宮静・倉林正次・郷田（坪井）洋文・千葉徳爾・和歌森太郎・桜田勝徳・芳賀日出男・最上孝敬・竹田旦・井之口章次・倉石忠彦氏らの稿がある。坪井洋文氏のごときは三回もくれている。人類学の金関丈夫博士の稿もあるが、これはご自分から進んで下さったもので、まことにありがたかった。

地元では岡義重・清水兵三・堀井度・奥原国雄・竹崎嘉徳・蓮仏重寿・石田隆義といった旧来の常連のほかに、新しく勝部正郊・酒井董美・白石昭臣といった名を見るようになる。そのほか加藤義成・太田直行・石村春荘・漢東種一郎・溝上泰子といった、もともとは民俗以外の畑で名を挙げられた方々の稿も寄せていただいている。

そのほか小滝遥氏からは短歌を、桑原視草氏からは俳句・俳文を毎号いただき、漫画家の宮尾しげを、といっても今の人にはわからないかもしれないが、大正・昭和戦前「団子串助漫遊記」などで一世を風《ふう》靡《び》した斯界《し》の売れっ子で、この人から表紙の下絵をもらったこともあった。

その間、一方の『山陰民俗』では、年一回のことなので、随想や漫筆などは入れず、もっぱら論文と資料報告とで構成した。たとえば宮地治邦「隠岐に於ける神社祭祀の一例」、西角井正慶「山陰芸能管見」、本田安次「出雲神楽の弘布」、吉田重成「神剣奉天神事考」、酒井董美「唄問答等の意義を考えるために」などが並んでいる。勝部正郊氏の「頓原町由来八幡宮の当屋制と神事」は今日大きな働きをすることになった。

私立が公立になった話

ともあれ、こうしてこの時期には機関誌を二通り編集して出すことになった。これは正直にいって相応に苦しいことであった。ただそのころには私もまだ四十代であったからむりがきいたのである。

ところが、その四十代の私にもやがてこういうことができないようになってきた。それは昭和三十七年からであったが、島根県の文化財保護行政を強化するという名目で私がひっぱり上げられ、往復三時間の松江通いをしなければならなくなったからである。これはけっして私の希望からのことではなく、私としてはようやく高等学校へ復帰したのだから、もうこのままでおればよいと思っていたのだが、このとき急にそういう話があり、これをことわれば遠くへ飛ばすといわれるものだからしかたがなかった。それでとたんに時間のない生活になったのである。

それでも初めの二、三年はそれほどでもなかったが、だんだん責任が加わるにつれ、とても学会の世話まではやっておれないことになった。それで誰かに代わってやってもらおうと思うが、そのころには今日第一線で活躍している人たちはまだ若く、とてもたのめるような状態ではなかった。では大学ではといっても、そのころの島根大学にはまだ民俗学の人はもちろん、近い人すら入っていない。島根大でまがりなりにも民俗学と銘打った講義をするようになったのは昭和五十六年からである。

そういうわけで、結局『山陰民俗』も『伝承』も昭和四十一年からは当分休刊ということになってしまった。その休刊が十年続いた。ただしその十年間、会員の、少なくとも主だったところだけは依然つながりを持ち、絶えず民俗調査をやっていた。それはたまたまそのころから県事業としての民俗調査が始まったからである。

もともと行政サイドでは民俗調査というような発想はなかった。それどころかこういう方面に関してはほとんど注意を払っていなかった。それが昭和二十五年「文化財保護法」ができ、その中に「民俗資料」（のち民俗文化財といい換える）という柱が立ったことから自然と関心を高めるようになり、いわゆる民具の類でも重要なものはこれを指定し保護するということになった。そして昭和三十七年になると、ここに国費ないし公費によって調査をしようということになったのである。

調査は都道府県が主体となり、国庫補助を受けて各都道府県ともそれぞれ調査地区を三十カ所ずつ設けて行なうことになった。その第一年度にまず北海道・青森・神奈川・新潟・長野・三重・京都・奈良・島根・広島の十道府県がこれを行うことになり、島根県がその一番手に入ったのである。

そこで島根県では当然これが私の仕事となった。それでまず県内で三十カ所の調査地区を設定し、同時にこれを担当する三十人の調査員と、その調査員が提出するカードをとりまとめる八人の地帯責任者とを選び出したわけであるが、それは当然この会の会員の中から優先的に委嘱した。

八人のうち一人は県の私が兼ねたので、学校その他からは結局七人を委嘱した。それは岡義重・石田隆義・森脇太一・山根俊久・酒井董美・松浦康麿・永海一正の各氏であった。

こうして調査地を設定し、人を委嘱したので、まずこの私をも含めた八人で歩調を合わせようとさしむき三日間の共同調査をすることになった。場所は中海に浮かぶ大根島であったが、そのとき邇摩高校の石田隆義氏が、かねて民俗学会で一緒になっている者が、このたびは県の仕事で一緒になったので、まるで私立が公立になったようだといわれ、みんな大笑いした思い出がある。

その私立が公立になった仕事は、この翌年調査報告書を出すことでいちおう終わった。そして二年ばかりは何もそういうことがなかったが、四十一年になると今度は県内で二百カ所をおさえる分布調査が始まり、その後始末がつかないうちに四十二年には菅谷鑪《すがやたたら》の調査が始まって、以後私が定年でやめる四十九年度まで毎年続いた。そのため学会活動はいよいよ停止のやむなきに至ったが、そのかわり石田氏がいう〝私立が公立になる〟形はいっそう深化した。

四十二年の菅谷鑪のときには牛尾氏にも出てもらい、四十四年からの中海周辺調査のときには東京から坪井洋文・大津（石田）武久氏にも来てもらった。また四十六年からの隠岐調査のときには坪井氏に代わって井之口章次氏と斎藤ミチ子氏、そして大津氏ほか国学院の院生にも来てもらった。なお中海調査のころからは社会学ということで原宏氏が山口女子大から島根大に転じて来られたので、それからは氏がわれわれのスタッフの一員として行動されるようになった。

山陰民俗の再起

昭和五十年三月、私は島根県教育委員会を定年退職した。人は定年というと淋《さび》しがるが、私の場合は家に先祖伝来の仕事があるし、それにちょうどそのとき祝宮静先生のたってのおすすめによって母校へ学位論文を出していたので、淋しいという気持ちはなかった。むしろやれやれ、やっと自由になれたという気持ちの方が強かった。

すると、それを待っていてくれたかのように、早く山陰民俗を再興しようという声が出てきた。そこで五十年の二月十一日、それはまだ私が教育庁を辞める半月以上も前であったが、いちおう私の家へ岡義重・原宏・勝部正郊・島田成矩・井塚忠・浅沼博・白石昭臣の諸氏に集まってもらい、会則を再検討し、委員制を理事制に変え、会費を年額二千円とし、機関誌『山陰民俗』を年二回出す。毎年必ず大会をやるなどのことをきめた。

しかしなにぶん十年も休んでいたので、やにわに『山陰民俗』を出してもうまくやってゆけるかどうかわからない。ところが、そのときちょうど畑伝之助氏の『出雲比田の民俗』という原稿をあずかっていたので、これをまず出そう。そしておそらく黒字になるであろうから、それを基金に再起を図ろうということになって、しばらくごぶさたしていた会員に再起の挨拶状を送り、同時に右の出版を急ぎ、できたところで配布した。たいへん評判がよかった。むろん会員に引き受けてもらうだけでなく、何人かの世話やきをおいて一般にも斡旋《あっせん》してもらった。

これがたいへんよかったので、もう一度やろうと、そのときたまたま私が餞別のお返しとしてつくろうと思っていた『民俗学への道』を急拠学会の事業に移し、学会発行として出した。するとこれも成果がよかった。いずれもB６判、二〇〇㌻余の単行本であった。

　こうして何やかやしているあいだに会員組織もはっきりし、秋までのところで百八十五人が把握できた。そのとき一番奮闘してくれられたのは岡義重氏と山根雅郎氏であった。山根氏の勧誘により出雲大社の職員が一挙に三十人も参加してくれ、大いに助かった。岡氏は自転車で走りまわり、一人、また一人と十何人も勧誘してくられた。ところが、その岡氏が七月二十九日、ふとした病いがもとで忽然《こつ》と逝《い》ってしまわれた。享年八十歳ではあったが、なんとも残念なことであった。

昭和50年２月11日、山陰民俗学会復興打合会。左から井塚忠・浅沼博・勝部正郊・白石昭臣・原宏・岡義重

　そういう衝撃はあったが、再起の準備は着々進み、勝部正郊氏の奔走で八月二十三日、松江市の島根県教育会館でまず大会を開いた。参会者四十三名、白石昭臣氏の「大元信仰」、井塚忠氏の「両墓制」に関する研究発表、次いで協議に入り、さきに再起準備会で立案した議案を審議決定した。役員として石塚尊俊（代表）・原宏・勝部正郊・川上廸彦・島田成矩・浅沼博・白石昭臣の七名を理事、山根

雅郎・井塚忠の二名を監事とし、山根俊久・牛尾三千夫の両氏を名誉会員に推戴した。名誉会員はその後大庭良美氏を加えて三人となったが、そのうち山根俊久氏は昭和五十四年に、牛尾氏は六十一年に逝《せい》去《きょ》された。

さて、機関誌であるが、これは十月十五日『山陰民俗』二五号を再起第一号として出した。初めに私が「山陰における民俗研究の歴史と課題」を書き、次いで前記白石・井塚両氏の研究発表を入れ、ほかに島田成矩「黒田芹採訪記」、勝部正郊「民具の収集について」および岡義重氏の遺稿「簸川平野の食習歳時記」をおき、終わりに「山陰民俗文献目録」を収めた。全七二ページで、この雑誌としては優にいままでの倍の紙数になった。

以後機関誌の発行は順調に進み、大会も毎年必ず行い、そのつど充実した発表を見て今日に至っている。大会のほか地域別に談話会もやってきたが、この方は率直なところあまり出席がよかったとはいえない。再起二年目の五十一年には二日間にわたって講習会も開き、井之口章次・武岡武春の両氏に来てもらった。来てもらったといえば毎年の大会にもつとめて誰かに来てもらうようにし、五十二年以降では合計十一人の方に応援ねがっている。

機関誌の発行、大会・談話会の開催のほかに文化庁その他からの委託事業もあり、山陰中央新報社その他からの依頼による分担執筆などのこともあった。

その他の事業としては、昭和五十三年に名誉会員牛尾三千夫氏の古稀祝賀会、五十四年には私の『西日本諸神楽の研究』出版祝賀会、五十七年には牛尾氏の叙勲、大庭良美氏の山陰中央新報社文化賞受賞祝賀会、平成三年には柳田國男先生三十年祭を行った。

そういうことをして、とにもかくにも今日に至ったわけである。

あとがき

さて、以上この会のそもそもの始まりから今日に至るまでのところを、初めはゆっくり、あとは駆け足で話してきた。つとめて〝学会の沿革〟として話すつもりであったが、話すほどについつい私自身のことが入りすぎた。これでは学会の名を借りた私の半生記のようになってしまうので、まことにみっともない。それでももう一度書き直そうかとも思うが、年のせいでもうくたびれた。烏滸《おこ》がましいがこのままにしておくことをお許しいただきたい。

ありなりのところ、この学会を引っぱってきた者は私である。けれどもこれは私個人のものではない。だからつとめてみんなに動いてもらおうとするが、かといって互いに離ればなれになっているので、何かというときそのつど集まってもらうわけにはいかない。そこが山陰地方の悲しさである。だから単純なことはどうしても私がとって、適当にそこらへんの者を使ってやらせてしまうようになる。しかしこれが存外煩雑なのである。

それでもう数年前から、これを誰かにとってもらおうと、機会あるごとに口にしているのだが、みんな恐れをなすのか、代わってやろうという人がいない。そのくせやめるといえば困るという。事実またここまで保ってきたものを何のあてもなしに「もうやめた」というわけにもいかない。

とやせむ、かくやせむと思ううち、たまたまここに本誌が六十号に達することに気づいた。そこでこの際いき方を変え、内容を充実させて回数を減らしたらどうだろうかと思うに至った。

といっても、これはけっして事務の簡素化からだけの発想ではない。いき方を変えることにはもっと基本的な理由がある。それは、大きくいえば日本民俗学そのものの研究姿勢が、もうかなり前から大きく変わっているからである。そして全国誌である『日本民俗学』の編集方針も、もう数年前からひところまでの『日本民俗学会報』や、ましてその前の『民間伝承』などの姿勢とは大きく変わっているからである。これはいうまでもなく変わるべくして変わったのであり、変えていかなければならなくなって変えていったのである。

試みに『民間伝承』でも開いてみればわかることだが、あのころの機関誌には全国誌においてすら短い報告がいっぱいあった。それというのも、あのころには各人の身辺にまだ昔ながらの民間伝承がいっぱいあり、しかもそれが多分に未発掘であった。だからあのころにはどんな小さなことがらでもそれをとり出して報告すればそれなりの意味があったのである。

ところが、それが今日ではできないことになった。もちろんやってやれないことはないが、やったところで意味のない話の羅列に終わるのが落ちである。「わが家の年中行事」とか、「わが村の婚姻習俗」とかいうようなことを書き出してみても、生活様式がこうまで平純化された今日では、ちっとも資料価値を持たないのである。

だからこれから先はどうしてもまとまった問題の集積とか、掘り下げとか、分析とかいう方向へ作業が向いていく。ということは、物を書くにしてもこれからはむずかしくなるということである。

一方、世の中が変わり、古い民間伝承が消えるといっても、それに代わるものはやはり絶えず生産されているのだから、今後はこの再生産されてくる民俗にも考察の目を向けねばならなくなる。しかしこの方はなおむずかしい。けれども、民俗学を今後とも大きく伸ばしていくためには、その努力をしなければならないのである。

そこで、本誌もこれからは方針を変え、つとめてまとまった研究、まとまった報告で編むようにしていきたい。もちろん古い民俗が消えていくといっても、未報告のものがないわけではないのだから、それが出てくればどうぞ出していただきたい。受け入れるのにやぶさかではない。しかし以前のようにそれを主に期待していたのではもう成り立たない思われるのである。

要するに今後はまとまった論文、まとまった報告がほしい。もちろんテーマはなんでもよい。また必ずしも新しい問題の提起でなくても、従来出ているもののとりまとめでもよい。たとえば荒神信仰とか焼畑というようなことにしても、いままで細切れのものがたくさん出ているが、それをとりまとめるだけでもよい。しかしその場合にはできるだけ漏れのないようにし、平成六年なら六年現在、山陰におけるこの方面の研究はここまで進んでいる。そしてここが問題だということを示すようなものでありたい。

枚数は多くてもよい、何百枚でもというわけにはいかないが、二、三百枚くらいならやっていけるとおもう。本当にいい論文ならそれ一篇で一冊を出してもよいではないか。そうすれば五百枚くらいは書ける。しかしそうなると自然部門が片寄り、会員が減ることが案じられる。そうすれば当然収入減になり、会の維持が困難になる。

そこで考えることは、この際外形にとらわれず実質本位に考えて、印刷をワープロに変えたらどうかということである。これだとうんと安く上がり、そして刷ることと製本とだけを専門業者にたのむようにすれば、外形的にもそう見劣りはしないはずである。そうしてでも後々まで残るものをつくっていくのがこれからは大事であろう。回数は原則として年一回刊、誌名は『山陰民俗研究』としたい。

この儀、実は去る平成五年八月の総会に諮《はか》り、出席者の同意を得ているので、大方の諸賢にもなにとぞご了解下さるようお願いする。

著書・編著一覧 （末尾のカッコ内は共著・共編者）

単著　「常民史に立つ日本婦道」　B6判、一一四㌻、飯塚純平主宰山陰民俗学会、昭二一・一〇

単著　「こひに居る話」　B6判、六四㌻、飯塚純平主宰山陰民俗学会、昭二二・二

共編　「出雲市誌」　B5判、一〇〇四㌻、出雲市役所、昭二六・一一（岡田秀勝・桑原一雄）

共著　「出雲叢話」　B6判、六六㌻、報光社、昭二八・五（朝山晧・山本清）

共編　「出雲の民話」　A5判、二六〇㌻、未来社、昭三三・九（岡義重・小汀松之進）

単著　「大梶七兵衛朝泰伝」　A5判、六〇㌻、大梶七兵衛翁奉賛会、昭三三・八

単著　「日本の憑きもの」　B6判、二九七㌻、未来社、昭三四・七

単著　「民俗資料による刳舟の研究」　B5判、一〇二㌻、日本民家集落博物館、昭三五・一二

単著　「島根路の文化財」　B6判、一八五㌻、島根県文化財愛護協会、昭四六・三

共著　「出雲路旅情」　A5判、一四三㌻、朝日新聞社、昭四六・五（植田正治）

編著　「出雲隠岐の民具」　A5判、二四一㌻、慶友社、昭四六・五

単著　「鑪と鍛冶」　B6判、二九〇㌻、岩崎美術社、昭四七・四

共著　「出雲文化財散歩」　B6判、二二三㌻、学生社、昭四八・一（近藤正）

単著　「日本の民俗島根」　B6判、二九八㌻、第一法規出版株式会社、昭四八・四

単著　「民俗学への道」　B6判、二〇五㌻、山陰民俗学会、昭五〇・一〇

単著　「出雲隠岐の伝説」　B6判、一七五㌻、第一法規出版株式会社、昭五二・二

単著　「重要無形文化財佐陀神能」　A5判、二三二㌻、佐陀神能保存会、昭五四・三

単著　「西日本諸神楽の研究」　A5判、六一二㌻、慶友社、昭五四・五

共編　「ふるさとの思い出写真集出雲」　A4判、一六六㌻、国書刊行会、昭五四・六（原宏一）

単著　「出雲槻之屋神楽」　A5判、七四㌻、槻之屋神楽保存会、昭五五・三

単著　「八雲村の祭祀習俗」　B5判、三八㌻、八雲村教育委員会、昭五六・三

共著　「日本の聖域神々の国出雲」　A4判、一四一㌻、佼成出版社、昭五七・五（御所野洋光）

編著　「日本の祭り7中国四国篇」　A4判、一七五㌻、講談社、昭五八・一

単著　「神道大系神社編36出雲石見隠岐国」　A5判、五七九㌻、神道大系編纂会、昭五八・三

単著　「雲根神社史」　A5判、五四㌻、雲根神社社務所、昭五九・一〇

単著　「古代出雲の研究－神と神を祀る者の消長」　A5判、三四六㌻、佼成出版社、昭六一・六

編著　「出雲信仰」　A5判、二七九㌻、雄山閣、昭六一・八

共編　「日本の民話島根県」　B6判、二六六㌻、未来社、昭六一・一二（大庭良美）

単著　「大梶七兵衛と高瀬川」　新書判、二〇九㌻、出雲市教育委員会、昭六二・九

共著　「神々の聖地」　B6判、二一八㌻、佼成出版社、平二・一（萩原龍夫・中野範能）

単著　「三谷神社史」　A5判、四二㌻、三谷神社社務所、平三・四

編著　「出雲市大津町史」　A5判、一二三六㌻、大津町史刊行会、平五・三

単著　「女人司祭」　Ａ５判、二一九ジペー、慶友社、平六・一〇
単著　「雲根神社」　Ａ５判、一〇〇ジペー、雲根神社社務所、平七・一〇
単著　「神去来」　Ａ５判、三六〇ジペー、慶友社、平七・一〇
単著　「鑪と刳舟」　Ａ５判、四〇五ジペー、慶友社、平八・一〇
編著　「山陰の祭祀伝承」　Ａ５判、二五九ジペー、山陰民俗学会、平九・六

石《いし》塚《づか》　尊《たか》俊《とし》

大正七年（一九一八）出雲市に生まれる。国学院大学卒業。文学博士。雲根神社祢宜・宮司を経て現在名誉宮司。傍ら中学校・高等学校教師、島根県教育委員会文化財主査、島根大学教育学部非常勤講師、広島修道大学人文学部・大学院教授などを勤める。日本民俗学会評議員・山陰民俗学会代表理事。

民俗学六十年

平成十年十月十二日印刷発行

著　者　石　塚　尊　俊

発行者　木　幡　修　介

発行所　山陰中央新報社
〒690-8668 島根県松江市殿町三八三
電話 〇八五二―三二―三四二〇

印　刷　株式会社　報　光　社
〒691-0001 島根県平田市平田町九九三

ISBN4―87903―069―4　C0039
※定価はカバーに表示しています。

索　引

【み】

【む】

【め】

【も】

【や】